はじめてでも困らない
ホームステイの英会話

CD付き

桑原功次 [著]

ナツメ社

"楽しみながらチャレンジ！"

　ホームステイをするということは、遠い外国に行ってまったく違う文化の中で生活するわけですから、その緊張感やストレスは大変なものです。

　そこで、この本ではそのような緊張感を少しでも和らげ、ストレスに対応できるように、ステイ先で役立つ会話はもちろん、体験者の声を最新の情報とともにみなさんにお伝えします。これによって、実際のホームステイの雰囲気がつかめると思います。

　外国では、どうしても会話が受け身になりがちです。この本では、もう少し自分を主張できるように表現も工夫してあります。どんどん自分の考えていることを相手に伝えたほうが、コミュニケーションもよりスムーズになるものです。

　対話や例文は、その場面でよく使われるものばかりを集めてあります。みなさんにとっては、そのまま使える"即戦力"になるはずです。

　本書をまとめるにあたり、ホームステイに関する情報や体験談・失敗談については八雲学園中学校・高等学校のみなさんをはじめ、数多くのホームステイ経験者の方のご協力をいただきました。ここに感謝の意を表したいと思います。

　この本が、みなさんのホームステイをより楽しくする助けになることを願っています。

　Have a nice time!!

著　者

CONTENTS
もくじ

ホームステイの成功のカギ ……………… 6

到着する
- 入国審査での会話 CD2 ……………… 8
- 税関での会話 CD3 ……………… 10
- 空港で家族に会う CD4 ……………… 12

ホームステイの始まり
- 家族の紹介 CD5 ……………… 14
- 自己紹介 CD6 ……………… 16
- ペットと会う CD7 ……………… 18
- 家の中を案内してもらう CD8 ……………… 20
- 自分の部屋の使い方 CD9 ……………… 22
- シャワー、バスルームの使い方 CD10 ……………… 24
- 家のルール CD11 ……………… 26
- 掃除をする CD12 ……………… 28
- 洗濯をする CD13 ……………… 30
- 日本のおみやげを渡す CD14 ……………… 32
- 朝晩のあいさつ CD15 ……………… 34
- 電話の使い方 CD16 ……………… 36
- 国際電話をかける CD17 ……………… 38

自分をよく知ってもらう
- 家族について CD18 ……………… 40
- 学校について CD19 ……………… 42
- 趣味の話 CD20 ……………… 44
- 友だちの話 CD21 ……………… 46
- 日本での生活 CD22 ……………… 48

日本をよく知ってもらう

- 日本はどこにある？ CD23 ………………… 50
- 日本の食べ物 CD24 ………………… 52
- 日本の住居 CD25 ………………… 54
- 日本の教育制度 CD26 ………………… 56
- 日本の観光地 CD27 ………………… 58
- 日本の武道 CD28 ………………… 60
- 日本の文化 CD29 ………………… 62
- 日本の歴史 CD30 ………………… 64

楽しく食事をするために

- 食事のマナー CD31 ………………… 66
- 食前と食後のあいさつ CD32 ………………… 68
- 朝の食事 CD33 ………………… 70
- 夜の食事 CD34 ………………… 72
- 食卓での会話 CD35 ………………… 74
- おなかがいっぱいです！ CD36 ………………… 76
- 嫌いなものが出てきたら CD37 ………………… 78
- 料理をほめる CD38 ………………… 80
- 楽しみなデザート CD39 ………………… 82
- 食事のしたくを手伝う CD40 ………………… 84
- 食事のあと片づけを手伝う CD41 ………………… 86
- 自分で作って食べる CD42 ………………… 88
- 日本料理を作ってあげる CD43 ………………… 90

家族と親しくなるために

- 相手の言うことが聞き取れない CD44 ………………… 92
- イエスとノーをはっきりと CD45 ………………… 94
- ありがとうとごめんなさい CD46 ………………… 96
- 何かを頼む CD47 ………………… 98
- 家事を手伝う CD48 ………………… 100
- 子どもと遊ぶ CD49 ………………… 102
- いっしょにテレビを見る CD50 ………………… 104
- 散歩に行く CD51 ………………… 106

出かける

- 門限について **CD52** …………… 108
- 車について **CD53** …………… 110
- 外出のあいさつ **CD54** …………… 112
- 学校への送り迎え **CD55** …………… 114
- クラスメイトとの会話 **CD56** …………… 116
- 授業中に質問する **CD57** …………… 118
- 教会へ行く **CD58** …………… 120
- 美容院で **CD59** …………… 122
- 銀行で両替する **CD60** …………… 124
- 郵便局で **CD61** …………… 126

買い物をする

- スーパーマーケットで **CD62** …………… 128
- デパートで **CD63** …………… 130
- ショッピングモールで **CD64** …………… 132
- レジで支払う **CD65** …………… 134

スポーツ・観光を楽しむ

- スポーツを楽しむ **CD66** …………… 136
- スポーツ観戦 **CD67** …………… 138
- 美術館で **CD68** …………… 140
- 映画、ミュージカルを見る **CD69** …………… 142
- パーティに招待される **CD70** …………… 144
- パーティでの会話 **CD71** …………… 146

外で食事をする

- 家族と外食する **CD72** …………… 148
- ファーストフード店で **CD73** …………… 150
- レストランで注文する **CD74** …………… 152
- レストランでの会話 **CD75** …………… 154
- レストランでの支払い **CD76** …………… 156

交通機関を利用する

バスの乗り方 CD77 …………… 158
電車、地下鉄の乗り方 CD78 …………… 160
タクシーの乗り方 CD79 …………… 162
道をたずねる CD80 …………… 164
道に迷う CD81 …………… 166
運転免許を取る CD82 …………… 168
飛行機の予約をする CD83 …………… 170
ホテルの予約をする CD84 …………… 172
レンタカーを借りる CD85 …………… 174

病気やトラブルを解決する

おなかが痛い！ CD86 …………… 176
けがをした！ CD87 …………… 178
病院の受付で CD88 …………… 180
医師との会話 CD89 …………… 182
歯科医との会話 CD90 …………… 184
薬局で CD91 …………… 186
盗難にあう CD92 …………… 188
バッグを忘れる CD93 …………… 190
助けを求める CD94 …………… 192

帰国

さよならパーティで CD95 …………… 194
家族に別れを言う CD96 …………… 196
家族に手紙やメールを送る CD97 …………… 198

- ●英語ナレーター　　ジュリア・ヤマコフ　エイミー・カミカワ
　　　　　　　　　　クリス・コポロウスキー
- ●日本語ナレーター　関本拓加
- ●イラスト　　　　　森永みぐ　小林裕美子
- ●録　　音　　　　　中録サービス（株）
- ●編集協力　　　　　㈱文研ユニオン

FOR A GREAT SUCCESS!

こんな準備も必要

　　ホームステイに出かけることになったら、なるべく早いうちから準備を始めましょう。身の回りの必要なものをそろえることも大切ですが、自分がこれからすることについて、しっかりと準備することです。

　　たとえば、訪ねていく国のことを書いた本を読んでみるとか、あるいは、外国に行くと必ず日本のことについて聞かれるので、日本の歴史の本を読んでみるのもよいでしょう。

実戦に役立つ表現を覚える

　　英会話でも、ホームステイで使われる会話はある程度範囲が決まっています。だから、行くことが決まったら、すぐに練習を開始してください。この本では、実戦で役立つ表現だけを集めてあるので、覚えておけば現地ですぐに役に立ちます。

　　出発前に、実際に声に出して対話のところを読んでみたり、CDを聞いてリスニングの練習をしておけばかなり効果があります。実際に使う前にもちょっと目を通せば、さらによいでしょう。

はずかしがらない

　　自分の国の言葉でない言語を話すのです。間違えるのは当たり前のことです。発音も、思ったほどうまくいかないかもしれません。しかし、そんな当たり前のことをはずかしがったり、悩んで心配する必要はまったくありません。自分の言っていることが通じない、相手の言っていることがあまり理解できない、という場合でも、あわてずに時間をかければいいのです。必ずうまくいきます。

イエスとノーをはっきりする

　　日本人は、イエスなのかノーなのかがはっきりしないとよく言われます。まず、イエスなのかノーなのかを相手に伝えることが大切です。

たずねている相手は、その理由を聞きたいのではなくて、あなたがそのことに対してどのように考えているかを知りたいだけなのです。自分の意思は、はっきりと伝えましょう。

自分をしっかりと主張する

自分はこういうことをしたい、あるいはしたくない、ということをはっきりと伝えることが大切です。こう言ったら、相手はどう思うだろうか、気を悪くしてしまうのではないか、などとあまり心配する必要はありません。欧米では、自分の意見をはっきり言える人間が一人前の大人として扱われるということを忘れないことです。

積極的に参加して楽しむ

どこかに行かないか、何かをしてみないかなどと誘われたら、積極的に参加しましょう。とくに、初めてのことにはチャレンジする勇気を持ちましょう。そうすることで、思いがけない新しい"自分"を発見できるかもしれません。ホームステイは、そういう『心の冒険』でもあるのです。

入国審査での会話　*Immigration*

Reina: **Good morning, sir (ma'am)!**
グッ　モーニン　サー　（マム）

Officer: **Good morning! May I see your passport?**
グッ　モーニン　メイ アイ スィー ヨア　パスポート↗

Reina: **Here it is.**
ヒヤー イッティズ

Officer: **How long are you staying?**
ハウ　ロン　アー ユー　ステイン

Reina: **For three weeks.**
フォー　スリー　ウィークス

Officer: **What's the purpose of your visit?**
ウワッツ　ザ　パーパス　アヴ ヨア ヴィズィッ

Reina: **Homestay.**
ホームステイ

Officer: **Where are you staying?**
ウェアー　アー ユー　ステイン

Reina: **I'll be staying at my host family's house in Santa Barbara.**
アイル ビー ステイン アッマイ ホウスト ファミリーズ　ハウス イン サンタ　バーバラ

Officer: **That's all. Have a nice time!**
ザッツ オール　ヘァヴァ　ナイス　タイム

レイナ　：おはようございます！（ma'amは相手が女性のとき）
係　官　：おはようございます！　パスポートを見せてください。
レイナ　：はい、どうぞ。
係　官　：どのくらい滞在するのですか？
レイナ　：3週間です。
係　官　：訪問の目的は何ですか？
レイナ　：ホームステイです。
係　官　：どこに滞在するのですか？
レイナ　：サンタバーバラのホストファミリーのところに滞在します。
係　官　：これで終わりです。楽しんできてください！

Key Word 単語

観光	sightseeing サイトスィーイン	国籍	nationality ナショナラティ
仕事	business ビズニス	独身	single シィンゴー
職業	occupation アキュペイシャン	既婚	married マリィッド

到着する

コマ内セリフ:
- That's all. Have a nice time!
- Thank you!
- あれ！みんながいない!?
- よかったー!

こんな体験しました！（聞いとこ！）

- 入国審査では緊張してしまった。いろいろと言うことを考えていたが、日本語のできる審査官だったのでニコニコしているうちに終わってしまった。
- 自分の名前と目的がホームステイであること、そして、滞在日数はしっかりと言えた。

アドバイス（知っとこ！）

- 入国審査の場所に行くと、Alien（外国人）とResidents（自国民）に分かれているので、Alienのほうに並びます。1人ずつ、呼ばれたら係官の前に行って質問に答えるわけですが、家族の場合は全員がいっしょに行きます。それ以外は、友だちがいても1人で行かなくてはなりません。
- 聞かれることは3つだけです。旅行の目的、滞在期間、そして滞在場所です。それさえしっかりと答えれば、何の問題もありません。元気よく、Good morning! などとあいさつしましょう。
- 声が小さいと、相手に何度も聞き直されることになります。なるべく大きな声で、はっきりと答えるようにしましょう。係員の言うことが聞き取れなかった場合は、Pardon?（もう一度言ってください）と言えばよいでしょう。

よく使う文例

I'm here for a homestay program.（ホームステイに来ました）
アイム ヒヤー フォー ア ホームステイ プログラム

I'm in the same group.（私も同じグループです）
アイム イン ザ セイム グループ

Does anyone understand Japanese?
ダズ エニワン アンダースタン ジャパニーズ♪
（だれか日本語がわかりませんか？）

This is my address in the States.（これがアメリカでの住所です）
ディス イズ マイ アドレス イン ザ ステイツ

税関での会話　　　　　　　　　　　*Customs*

Officer : **Anything to declare?**
エニスィン　トゥー　ディクレア ♪

Reina : **No, nothing.**
ノー　　ナッスィン

Officer : **What's in this bag?**
ウワッツ　イン　ディス　ベァッグ

Reina : **Some daily necessities.**
サム　　デイリィ　　ネセスィティーズ

Officer : **What do you have in this suitcase?**
ウワッ　ドゥー　ユー　ヘァヴ　イン　ディス　スーツケイス

Reina : **I have some personal belongings.**
アイ　ヘァヴ　　サム　　　パースナル　　　ビロンギングズ

Officer : **Do you have any gifts?**
ドゥー　ユー　ヘァヴ　エニィ　ギフツ ♪

Reina : **Yes. I have some for my host family.**
イエス　アイ　ヘァヴ　　サム　　フォー　マイ　ホウスト　ファミリィ

Officer : **May I see them?**
メイ　アイ スィー　ゼム ♪

Reina : **Sure.**
ショア

係　　官　：何か申告するものを持っていますか？
レ　イ　ナ　：いいえ、ありません。
係　　官　：このバッグには何が入っていますか？
レ　イ　ナ　：日常品です。
係　　官　：このスーツケースの中身は何ですか？
レ　イ　ナ　：個人的なものが入っています。
係　　官　：おみやげは持っていますか？
レ　イ　ナ　：はい、ホストファミリーへのおみやげを持っています。
係　　官　：見せてくれませんか？
レ　イ　ナ　：わかりました。

Key Word 単語

税関申告書	customs declaration form	免税品	duty-free goods
カスタムズ ディクラレイシャン フォーム			デューティー フリー グッズ
無税	duty-free	税金支払い窓口	cashier
	デューティー フリー		キャシア
関税	duty	税官吏	customs officer
	デューティー		カスタムズ アフィサー

聞いとこ！こんな体験しました！

- 荷物を持って行ったとき、いろいろ聞かれたらどうしようと思ったけど、ほとんど何も聞かれなかった。
- 税関に行く前に、自分の荷物を探すほうが大変だった。

知っとこ！アドバイス

- 持ち込めないものは、麻薬（narcotics）、ポルノ雑誌（pornographic magazines）、銃砲類（guns）などです。
- 日本特有の食べ物を持って行く場合は、説明できるようにしておいたほうがよいでしょう。

　　This is Japanese food.（これは日本の食べ物です）
- スルメ　dried cuttlefish
- のり　seaweed　・梅干し　dried Japanese apricot
- イカの塩辛　salted squid guts
- おせんべい　rice cracker

- 薬を持って行くときは、医師の英文の処方せんがあればThis is my doctor's prescription.（これは私の担当医の処方せんです）と説明します。

よく使う文例

Where's the carousel for UA 001?
（UA 001便のターンテーブルはどこですか？）

Would you show me your customs declaration form?
（税関の申告書を見せてください）

I'll open it myself.（自分で開けます）

That's all I have.（これで全部です）

空港で家族に会う *At the airport*

Reina : Are you Mr. Hunt?
アー ユー ミスター ハント

Mr.Hunt : Yes, I am.
イエス アイ アム

Reina : Nice to meet you. I'm Reina Nakada.
ナイス トゥー ミーチュー アイム レイナ ナカダ

Mr.Hunt : Nice to meet you too, Reina. This is my wife, Jane.
ナイス トゥー ミーチュー トゥー レイナ ディス イズ マイ ワイフ ジェイン

Reina : Nice to meet you, Mrs. Hunt.
ナイス トゥー ミーチュー ミセス ハント

Mr.Hunt : Welcome to California!
ウェルカム トゥー キャラフォーニア

Reina : Thank you for coming to meet me.
サンキュー フォー カミン トゥー ミート ミー

Mr.Hunt : Aren't you tired?
アーンチュー タイアード

Reina : No, I'm just fine.
ノー アイム ジャスト ファイン

レイナ ：ハントさんですか？
ハント ：はい、そうです。
レイナ ：はじめまして、ナカダ・レイナです。
ハント ：はじめまして、レイナ。これは妻のジェインです。
レイナ ：はじめまして、ハントさん。
ハント ：カリフォルニアへようこそ！
レイナ ：お出迎え、ありがとうございます。
ハント ：疲れていませんか？
レイナ ：いいえ、大丈夫です。

Key Word 単語

両替	exchange (イクスチェインジ)	小銭	change (チェインジ)
手数料	service fee (サーヴィス フィー)	現金	cash (キャッシュ)
交換率	exchange rate (イクスチェインジ レイト)	トラベラーズチェック	traveler's check (トラヴェラーズ チェック)
20ドル紙幣	twenty dollar bill (トウェンティ ダラー ビル)	銀行	bank (ベァンク)

コマ1: Thank you for coming to meet me.
コマ2: Aren't you tired?
コマ3: No! No! I'm just fine!

到着する

聞いとこ！こんな体験しました！

● いきなりいろいろなことを言われたけど、あまりよくわからなかったので「はじめまして」を連発した。
● 突然、握手されて驚いた。強い力で握りしめられて、青い瞳で見つめられてしまった。
● 家に着くまでは、とにかく眠くて目を開けているのがせいいっぱいだった。

知っとこ！アドバイス

● 疲れていても、ここはがんばって元気よくあいさつをしましょう。なるべく大きな声で、Nice to meet you!（はじめまして）と言ってしまえば、あとはけっこううまく流れに乗れるものです。
● とにかく、大きな声で、相手の目を見て話すという基本を忘れないようにするのです。そして、握手をするときは背すじをスッキリと伸ばして、相手の目をしっかりと見て握手をします。何ごとも、最初が大切です。元気を出してください。
● 空港で両替をしたい場合は、Where's the money changer?（ウェアーズ ザ マネー チェンジャー）（両替所はどこですか？）と聞いて、連れて行ってもらうことです。大きな額の紙幣よりも10ドル、20ドルの紙幣にしたほうが使いやすいでしょう。

よく使う文例

I'm a little tired.（少し疲れています）
アイム ア リル タイアード

I have a little jet lag.（ちょっと時差ぼけです）
アイ ヘァヴァ リル ジェッ ラグ

I'd like to go to the restroom.（トイレに行きたいのですが）
アイド ライク トゥー ゴー トゥー ザ レストルーム

I'd like to change money.（お金を換えたいのですが）
アイド ライク トゥー チェインジ マニー

家族の紹介 — Introduction

Mr.Hunt : **Let me introduce my family.**
レッミー　インタラデュース　マイ　ファミリィ

This is my daughter, Margaret.
ディス イズ マイ　　ドーター　　　マーガレット

Reina : **Nice to meet you. My name is Reina Nakada.**
ナイス トゥー　ミーチュー　マイ　ネイム イズ　レイナ　　ナカダ

Margaret : **Nice to meet you too, Reina.**
ナイス トゥー　ミー　チュー トゥー　レイナ

You can call me Maggie(Peggy).
ユー　キャン　コール ミー　　マギー　　　ペギー

Reina : **Pardon?**
パードゥン ♪

Margaret : **Maggie. M-A-G-G-I-E.**
マギー　　エム エイ ジー ジー アイ イー

Reina : **Thank you. Now I got it.**
サンキュー　　ナウ アイ　ガリッ

Margaret : **Is this your first visit to the States?**
イズ ディス　ヨア　ファースト ヴィズィット トゥー ザ ステイツ ♪

Reina : **Yes, it's my first time.**
イエス　イッツ マイ ファースト タイム

ハ ン ト ：私の家族を紹介します。
　　　　　これは娘のマーガレットです。
レ イ ナ ：はじめまして。私はナカダ・レイナです。
マーガレット：はじめまして、レイナ。
　　　　　マギー（ペギー）と呼んでください。
レ イ ナ ：もう一度言ってください。
マーガレット：マギーです。M-A-G-G-I-E。
レ イ ナ ：ありがとう。わかりました。
マーガレット：アメリカに来たのは初めてですか？
レ イ ナ ：はい、初めてです。

Key Word 単語

ホストファミリー	host family ホウスト ファミリィ	娘	daughter ドーター
父	host father ホウスト ファーザー	息子	son サン
母	host mother ホウスト マザー	祖父(祖母)	grandfather(grandmother) グランファーザー　グランマザー

> I'm sorry I didn't catch your name.

> Margaret.

> You can call me Maggie.

こんな体験しました！

- 両親や友だち、ペットの写真を持って行って、ホストファミリーに紹介した。
- ホストファミリーを何と呼んだらいいのかわからなかった。たずねたら、ていねいに教えてくれた。
- 顔合わせのランチパーティのようなものがあった。そのとき自分の名前を言って「はじめまして」と日本語で言った。
- ホストファミリーが私の年齢をよくわかっていないようだったので、歳も伝えた。

知っとこ！アドバイス

- 紹介されたら、相手の名前を正確に覚えるのは大切なことです。聞き取れない場合は、I'm sorry I didn't catch your name.（ごめんなさい、あなたの名前が聞き取れませんでした）と言って、聞き直すことです。
- 不安であれば、Would you write down your name?（名前を書いてくれませんか？）と言って書いてもらうといいでしょう。
- ニックネームなどがあれば Please call me Naka-chan.（ナカちゃんと呼んでください）などと言って呼んでもらえば親しみがわくでしょう。また、ホストマザーもファザーもファーストネームで呼びます。

よく使う文例

What should I call you?（何とお呼びしたらいいですか？）

May I ask your name again?（もう一度、名前を教えてくれませんか？）

May I ask your age?(How old are you?)（お歳を聞いてもいいですか？）

How do you spell your name?（どうやってつづるのですか？）

ホームステイの始まり

自己紹介　　　　　　　　　　self-Introduction

Reina : **My name is Reina.**
マイ　ネイム　イズ　レイナ

I'm from Tokyo, Japan.
アイム　フラム　トーキョー　ジャパン

Jane : **Do you have any brothers or sisters?**
ドゥ　ユー　ヘァヴ　エニイ　ブラザーズ　オア　スィスターズ↗

Reina : **I have two brothers.**
アイ　ヘァヴ　トゥー　ブラザーズ

Jane : **How many members are there in your family?**
ハウ　メニー　メンバーズ　アー　ゼア　イン　ヨア　ファミリィ

Reina : **Five of us.**
ファイヴ　オヴ　アス

Jane : **Do you belong to any clubs at school?**
ドゥ　ユー　ビロン　トゥ　エニイ　クラヴズ　アッ　スクール↗

Reina : **I belong to the tennis club.**
アイ　ビロン　トゥ　ザ　テネス　クラヴ

Jane : **I like to play tennis too.**
アイ　ライク　トゥー　プレイ　テネス　トゥー

CD 6

レ イ ナ ： 私の名前はレイナです。
　　　　　　日本の東京から来ました。
ジェイン ： 兄弟か姉妹はいますか？
レ イ ナ ： 兄弟が2人います。
ジェイン ： ご家族は何人家族ですか？
レ イ ナ ： 5人です。
ジェイン ： 学校ではどんなクラブに入っていますか？
レ イ ナ ： 私はテニス部に入っています。
ジェイン ： 私もテニスをするのが好きなのよ。

Key Word 単語

中学1年	**seventh grade**　セヴンス　グレイド	高校1年	**tenth grade**　テンス　グレイド
中学2年	**eighth grade**　エイス　グレイド	高校2年	**eleventh grade**　イレヴンス　グレイド
中学3年	**ninth grade**　ナインス　グレイド	高校3年	**twelfth grade**　トゥエルフス　グレイド

こんな体験しました!

- 空港で会うなり、ホストファミリーにいきなり抱きつかれてびっくりした。考えていたあいさつなんて、どこかへいってしまった。とにかく笑って「はじめまして」の連発だった。
- 家に着く前の車内では、ホストファミリーがいろいろ話しかけてくれたので、リラックスできた。でも、自分からは話を切り出せなかった。やはり、どんなことを話すか、前もって考えておいたほうがよい。

知っとこ!アドバイス

- お互いに初めて会うわけですから、あなただけでなくホストファミリーだってドキドキしているのです。だから、ここはとにかく、明るく元気にあいさつしたいものです。
- Nice to meet you!（お会いできてうれしいです）と言うことを忘れなければ大丈夫です。
- 順調なスタートを切るためのポイントは、「声を大きく、相手の目を見て話す」ということです。
- とくに握手をするときは、背すじをスッと伸ばしてニッコリと、相手の目を見て握手します。こうすると、初対面での好感度がグッと増すでしょう。

よく使う文例

I'm very glad to meet you.（お会いできてうれしいです）
アイムヴェリー　グラットゥ　ミーチュー

Our flight was delayed a little.（飛行機が少し遅れました）
アワ　フライト　ワズ　ディレイティッドゥア　リル

I'm a little tired.（少し疲れています）
アイム ア リトゥル タイヤード

Have you been waiting for a long time?
ヘァヴ　ユー　ビーン　ウェイティング　フォー ア　ロング　タイム
（だいぶお待ちになりましたか？）

ペットと会う　　　*Pets*

Jane: We have a dog.
Reina: Wow! It's a big dog! What's its name?
Jane: It is Kemba.
Reina: Is it a he (male) or a she (female)?
Jane: It's a she.
Reina: What kind of dog is this?
Jane: Kemba is a Rhodesian Ridgeback.
It is said to be a lion hunting dog.
Reina: She must be strong. How old is she?
Jane: She is three years old. She is about thirty years old in human years.

ジェイン：犬を飼っています。
レ イ ナ：わあ！　大きいですね！　名前は何ですか？
ジェイン：ケンバと言います。
レ イ ナ：オスですか、メスですか？
ジェイン：メスです。
レ イ ナ：何という種類の犬ですか？
ジェイン：ケンバはローデシアン・リッジバックです。
　　　　　ライオン狩りの猟犬と言われています。
レ イ ナ：強そうですね。何歳ですか？
ジェイン：3歳です。人間の歳でいうと30歳くらいでしょうね。

Key Word 単語

お座り！	Sit!	お手！	Shake!
伏せ！	Down!	子犬	puppy
待て！	Stay!	子猫	kitten

> What kind of dog is this?
>
> A lion hunting dog.

聞いとこ！こんな体験しました！

- 犬が2匹、猫が1匹いて、にぎやかな家族だった。お手伝いとして犬の散歩に行った。
- ステイ先の愛犬の名前はラッキー。黒くて大きな犬で、いつも追いかけられた。
- 黒いラブラドール・レトリバーが2匹いた。ホストファザーといっしょに犬の散歩に行った。
- いやだと言えば、犬を家の中に入れないようにしてくれた。

知っとこ！アドバイス

- とくにアメリカなどの家庭で飼われている犬は、日本の犬にくらべると驚くほどよくしつけられています。それは、犬も家族の一員として考えられていて、かわいがるだけでなく、厳しくしつけられているからでしょう。ですから、動物が苦手な人も、あまりこわがらなくてもいいと思います。
- もし犬や猫の毛などにアレルギーがある場合には、ホストファミリーを選んでもらうときに、前もって言っておくことです。もし、行ってから気がついた場合には I'm allergic to animals hair.（動物の毛にアレルギーがあります）などと言って、対処してもらいましょう。

よく使う文例

It's well trained. （しつけがいいですね）
イッツ ウェル トレインド

You're a good girl (boy)! （いい子、いい子！）
ユア ア グッ ガール ボーイ

What's its favorite food? （どんな食べ物が好きですか？）
ウワッツ イッツ フェイヴァリッ フード

It's so cute! （かわいい！）
イッツ ソー キュート

ホームステイの始まり

19

家の中を案内してもらう　　*Room*

Maggie : I'll show you around our house.
アイル ショウ ユー アラウンド アワ ハウス

Reina : That'd be very nice. Thank you.
ザッド ビー ヴェリー ナイス サンキュー

Maggie : This is the living room.
ディス イズ ザ リヴィン ルーム

　　　　 You can sit back and watch TV here.
ユー キャン スィッ バッカン ウワッチ ティヴィ ヒヤー

Reina : It is very spacious.
イッティズ ヴェリー スペイシャス

Maggie : This is the kitchen.
ディス イズ ザ キッチン

Reina : It's large and beautiful.
イッツ ラージ アン ビューリフォー

Maggie : You can have anything you like in the refrigerator.
ユー キャン ヘァヴ エニスィン ユー ライク イン ザ リフリジェレイター

Reina : Thank you very much. I'm so happy.
サンキュー ヴェリー マッチ アイム ソー ハァッピー

マ ギ ー：家の中を案内しましょう。
レ イ ナ：ステキだわ。ありがとうございます。
マ ギ ー：ここが居間です。
　　　　　ここで、座ってテレビを見てください。
レ イ ナ：広々としていますね。
マ ギ ー：ここが台所です。
レ イ ナ：大きくてきれいですね。
マ ギ ー：冷蔵庫にあるものは、何でも食べていいんですよ。
レ イ ナ：ありがとうございます。うれしいわ。

Key Word 単語

書斎	study スタディ	納屋	barn バーン
洗濯室	laundry room ローンドリィ ルーム	地下室	basement ベイスメント
物置	storage room/ boxroom ストーリッジ ルーム バックスルーム	寝室	bedroom ベッドルーム
屋根裏部屋	attic エアティック	子ども部屋	children's room チルドレンズ ルーム

> You can have anything you like in the refrigerator.
>
> Really??
>
> Sure!

聞いとこ！こんな体験しました！

- アメリカでは、何もかもが大きいとは聞いていたが、冷蔵庫なども大きくて、私が入れるくらいだった。
- 家の庭では、バーベキューができるようになっていた。プールやブランコもあって、広いのでびっくりした。
- 庭がとても大きくて、家庭菜園があった。

知っとこ！アドバイス

- 日本の家ではまず見当たらないものが、大きな冷蔵庫です。何週間分かの食べ物が貯蔵されています。英語で、refrigerator（リフリジェレイター）と言いますが、短くfridge（フリッジ）と言う場合もあります。
- 暖炉のある家もあります。fireplace（ファイアープレイス）あるいは mantelpiece（マントルピース）と言います。ふつう居間についていて、カリフォルニアなどの温暖なところでも、朝晩の寒いときに使われます。
- ユーティリティルーム(utility room／ユティリティ ルーム)とは、洗濯機(washing machine／ワッシン マシーン)や掃除機(vacuum cleaner／ヴァキューム クリーナー)、そしてそのほかのいろいろな道具(tool／トゥール)が置いてある部屋です。
- 日本と違って、家に出入りするときにいちいち靴を脱いだりしませんが、外から帰って家に入るときは、ちょっと足拭きマットで靴をきれいにしてから入るようにしたいものです。

よく使う文例

Where's the restroom?（トイレはどこですか？）
ウェアーザ レストルーム

The kitchen is designed very convenient.
ザ キッチン イズ ディザインド ヴェリー カンヴィーニエント
（台所が便利にデザインされていますね）

It's very relaxing.（ゆったりとしていますね）
イッツ ヴェリー リラッスィン

You have a beautiful garden.（お庭がとてもきれいですね）
ユー ヘァヴァ ビューリフォー ガードゥン

ホームステイの始まり

自分の部屋の使い方　　Your Room

Jane : This is your room.
ディス イズ ヨア ルーム

Reina : It's very nice and clean.
イッツ ヴェリー ナイス アン クリーン

Jane : Do you like it?
ドゥー ユー ライキッ↗

Reina : Yes, I like it very much. Where can I put my clothes?
イェス アイ ライキッ ヴェリー マッチ ウェアー キャナイ プッ マイ クロウズ

Jane : You can put them in this closet.
ユー キャン プッゼム イン ディス クロゼッ

Reina : How about underwear and socks?
ハウ アバウト アンダーウェア アン ソックス

Jane : Use this chest.
ユーズ ディス チェスト

Reina : Can I put my cosmetics in this dresser?
キャナイ プッ マイ コズメティックス イン ディス ドレッサー↗

Jane : Sure. You can use it.
ショア ユー キャン ユーズィッ

Reina : I'm very happy to have such a nice room.
アイム ヴェリー ハァッピー トゥー ハァヴ サッチャ ナイス ルーム

ジェイン：これがあなたの部屋です。
レ イ ナ：かわいくて、きれいですね。
ジェイン：気に入りましたか？
レ イ ナ：はい、とても気に入りました。どこに洋服を置いたらいいのですか？
ジェイン：洋服ダンスに入れてください。
レ イ ナ：下着や靴下はどうしたらいいですか？
ジェイン：この整理ダンスを使ってください。
レ イ ナ：化粧品は、この鏡台に入れていいですか？
ジェイン：もちろんです。使ってください。
レ イ ナ：こんなステキな部屋を使うことができて、とてもうれしいです。

Key Word 単語

鏡	mirror (ミラー)	掛け布団	comforter (カムフォター)
枕	pillow (ピロウ)	ベッドカバー	bedspread (ベッドスプレッド)
枕カバー	pillow case (ピロウ ケース)	姿見	full length mirror (フル レングス ミラー)
毛布	blanket (ブランキッ)		

こんな体験しました！

- 家の中でずっと靴をはいているのは、そのまま出入りできるので便利だけど、足が疲れてしまった。
- ホームステイ先の女の子と同じ部屋だったので、本当の姉妹みたいに仲よくなれた。

知っとこ！アドバイス

- 何か必要なものがあれば、遠慮せずにCan I have a night stand?（読書スタンドがほしいのですが）などとたずねるとよいでしょう。電源の場所を確認するときは、簡単にWhere's an outlet?（コンセントはどこですか？）という表現が役に立ちます。
- どこに自分のものを置けばいいのかわからない場合も、Where can I put my suitcase?（どこにスーツケースを置いたらよいですか）と聞いてください。
- 部屋にカギがかかるようなら、プライバシーを守るためにも寝るときはカギをかけるようにしたほうがいいでしょう。異性とふたりきりで部屋の中にいるときは、部屋のドアは開けておくのが常識です。

よく使う文例

Where can I hang my coat?
（コートはどこに掛けたらいいのですか？）

Can I have more hangers?（もう少しハンガーが必要なのですが）

May I put my shoes here?（靴をここに置いてもいいですか？）

Please show me how to draw the blinds?
（ブラインドの引き方を教えてください）

ホームステイの始まり

シャワー、バスルームの使い方　*The shower*

Reina : May I take a shower now?
メイ アイ テイカ シャウワー ナウ

Jane : I'll show you how to use the shower.
アイル ショウ ユー ハウ トゥー ユーズ ザ シャウワー

Reina : Oh, thank you. Please.
オー サンキュー プリーズ

Jane : Turn the lever to the left for hot water and to
ターン ザ レヴァー トゥー ザ レフト フォー ハッ ウォーター アン トゥー
the right for cold water.
ザ ライ フォー コールド ウォーター

Reina : I understand.
アイ アンダースタン

Jane : But be careful. It's very hot.
バッ ビー ケアフル イッツ ヴェリー ハッ

Reina : OK, I will. How can I fill the bathtub?
オーケー アイ ウィル ハウ キャナイ フィル ザ バスタブ

Jane : Push this lever up for the shower and down for
プッシュ ディス レヴァー アップ フォー ザ シャウワー アン ダウン フォー
the bathtub.
ザ バスタブ

レイナ：今、シャワーを使ってもいいですか？
ジェイン：シャワーの使い方を教えてあげるわね。
レイナ：ありがとうございます。お願いします。
ジェイン：レバーを左に回すとお湯、右に回すと水が出ます。
レイナ：わかりました。
ジェイン：でも、気をつけてね。とても熱いから。
レイナ：はい、気をつけます。浴槽にお湯を入れるにはどうすればいいのですか？
ジェイン：シャワーのときはレバーを上にして、バスタブに入れる場合は下にすればいいのよ。

Key Word 単語

蛇口	faucet (フォースィッ)	せっけん	soap (ソープ)	シャンプー	shampoo (シャンプー)
洗面台	washstand (ワッシュスタン)			バスタオル	bath towel (バス タウル)
お風呂の栓	plug (プラグ)			トイレを流す	flush a toilet (フラッシュ ア トイレッ)

[コマ1] あぢ,
[コマ2] I'll show you how to use the shower.
[コマ3] Be careful. Hot water is very hot.
[コマ4] うん… もう知ってるよ

聞いとこ！こんな体験しました！

- 日本のシャワーと使い方が違ったが、説明してくれた。
- お風呂はただ体を洗うだけで、ゆっくり体を休めることができなかった。
- 学校から帰って「お風呂に入りたい」と言ったら「夜入るの？私たちはいつも朝入るのよ」と驚かれた。
- ゲスト用のバスルームがあって、いつでも使うことができた。

知っとこ！アドバイス

- シャワーを使うときは、まわりに水がとび散ったりしないように、カーテンをバスタブの内側に入れて使います。また、お風呂に入る場合はバスタブにお湯を半分くらい入れて、その中で温まったり、洗ったりします。浴室には、小さなタオルがあるかもしれません。それは体を洗うためのタオルです。
  終わったら、お湯を流してシャワーを浴びますが、そのときもバスタブの中にカーテンを入れます。最後に、バスタブをきれいに洗い流して、落ちている髪の毛を拾います。
- シャワーを浴びるときは、いきなりレバーをひねると熱いお湯が出てくることがあるので、温度を調節してからにしたほうがいいでしょう。

よく使う文例

Can I take a shower anytime?
キャナイ　テイカ　シャウワー　エニータイム♪
（シャワーはいつでも使っていいのですか？）

The hot water doesn't come out.（熱いお湯が出ないのですが）
ザ　ハッ　ウォーター　ダズン　カマウト

The toilet doesn't flush.（トイレが流れないのです）
ザ　トイレッ　ダズン　フラッシュ

Can I put my toiletries in the bathroom?
キャナイ　プッ　マイ　トイラトリィーズ　イン　ザ　バスルーム♪
（私のものをバスルームに置いてもいいですか？）

ホームステイの始まり

家のルール   *Family Rules*

Reina : Do you have any rules I should follow?
ドゥー ユー ハァヴ エニー ルーズ アイ シュッド ファロウ↗

Jane : Yes, we have some.
イエス ウィ ハァヴ サム

Reina : Would you tell me what they are?
ウッジュー テル ミー ウワッ ゼイ アー↗

Jane : For example, not coming home late, keeping your room clean,
フォー イグザンポー ナッ カミン ホーム レイト キーピン ヨア ルーム クリーン

and helping us with some household chores.
アン ヘルピン アス ウィズ サム ハウスホールド チョアズ

Reina : What should I do?
ウワッ シュダイ ドゥー

Jane : You can help us with washing, cleaning and so on.
ユー キャン ヘルプ アス ウィズ ワッシン クリーニン アン ソーオン

Reina : By what time should I be home at night?
バイ ウワッタイム シュダイ ビー ホーム アッ ナイ

Jane : Please be back by 11pm.
プリーズ ビー バック バイ イレヴン ピーエム

Reina : I won't be late.
アイ ウォント ビー レイト

レイナ：守らなければならない家の決まりはありますか？
ジェイン：はい、いくつかありますよ。
レイナ：それは、どんなものですか？
ジェイン：たとえば家に遅く帰らないこと、自分の部屋をきれいにしておくこと、それから、家事をちょっと手伝ってくれることかしら。
レイナ：どんなことをすればいいのですか？
ジェイン：洗濯や掃除などを手伝ってね。
レイナ：何時までに家に帰ればいいですか？
ジェイン：11時までには帰ってくださいね。
レイナ：遅くならないようにします。

Key Word 単語

家事	household chores	ハウスホールド チョアズ
掃く	sweep	スウィープ
拭く	wipe	ワイプ
乾かす	dry	ドライ
アイロンをかける	iron	アイアン
修理する	fix	フィックス
料理する	cook	クック
門限	curfew	カーフュー

> Rules ① Not coming home late.
> ② Keeping your room clean.
> ③ Helping us with some household chores.
>
> これくらい守れるよ〜。余裕だぁ。
>
> 10 days later
>
> ルール守れてない…

ホームステイの始まり

聞いとこ！こんな体験しました！

- 朝起きるのも夜寝るのも早いのでびっくりした。
- 夕食は5時くらいに終わって、その後、遊びに行くのに驚いた。
- 朝が早い家だったので、宿題がたくさん出て夜遅くまでかかったときは寝不足になった。
- 日曜日の朝は、教会に礼拝に行った。

知っとこ！アドバイス

- 家のルールといっても、そんなに特別なものがあるわけではなく、たとえば食事を作る場合は、みんなで自分のできることをして助け合います。日本と違って、その家の男性が料理を作ったり片づけたりするのは珍しいことではありません。Let me help you.（手伝わせてください）と言って積極的に家事に参加すると喜ばれます。
- カリフォルニアなどでは水はとても大切です。日本のように好きなだけシャワーを使うことはできないので注意してください。また、バスルームから出るときは、ドアを開けておきます。閉めてしまうと、だれかが使っているということになってしまいます。

よく使う文例

What household chores can I help you with?
ウワッ ハウスホールド チョアズ キャナイ ヘルプ ユー ウィズ
（家事は何を手伝ったらいいですか？）

Set the table with us.
セッ ザ テイボー ウィズ アス
（テーブルに料理を出すのを手伝ってください）

Can I put the ice cream in the refrigerator?
キャナイ プッ ズィ アイス クリーム イン ザ リフリジェレイター
（アイスクリームを冷蔵庫に入れてもいいですか？）

I'll call you if I'm going to be late.
アイル コール ユー イフ アイム ゴーイン トゥービー レイト
（帰りが遅くなる場合は連絡します）

掃除をする　　　　　　　*Cleaning*

Reina: May I use your vacuum cleaner?
Jane: Of course. It's in the utility room.
Reina: Please show me how to use it.
Jane: This is the "on" button.
　　　　Press it again to stop it.
Reina: What should I do with the trash?
Jane: Put it in the trashcan.
Reina: Where can I find the dustcloth?
Jane: I'll get it for you.

レイナ：掃除機を使ってもいいですか？
ジェイン：もちろん、いいわよ。ユティリティルームにありますよ。
レイナ：掃除機の使い方を教えてください。
ジェイン：これがスタートボタンです。
　　　　　もう一度押すと、止まりますよ。
レイナ：紙くずはどうすればいいですか？
ジェイン：くずかごに入れて、戸口に持ってきてください。
レイナ：ぞうきんはどこにありますか？
ジェイン：持ってきてあげます。

Key Word 単語

ほこりを払うもの	duster	懐中電灯 *2	torch
ちりとり	dustpan	ゴミ集めのトラック	garbage truck
懐中電灯 *1	flashlight	故障中	out of order

*1：アメリカ英語　　*2：イギリス英語

こんな体験しました！

- ベッドメイキングだけ自分でやった。
- リッチな家だったらしく、ハウスキーパーが来て掃除をしていた。
- 洗濯も掃除もホストマザーがやってくれたので、あまり洗濯物を出さないようにした。自分の部屋の掃除は自分でやるようにした。

知っとこ！アドバイス

- 掃除機のことは、アメリカではvacuum cleanerと言いますが、イギリスではhooverと言います。アメリカ製の掃除機は音も大きいので、使う場合はMay I ran the vacuum cleaner now?（今、掃除機をかけてもいいですか？）とたずねてからにしたほうがいいでしょう。
- 水気のないゴミのことは、一般にtrashと言います。そして、台所から出る食品の生ゴミのことなどはgarbageと言っています。そのゴミ入れのことは、それぞれtrash can, garbagecanと呼びます。部屋にある紙くず入れは、wastebasket,あるいはtrashbasketと言います。
- マメに掃除をすることは大切なことです。気持ちよくすごすことができますし、あれがない、これがない、と騒ぐようなこともなくなります。

ホームステイの始まり

よく使う文例

I'd like to clean my room.（部屋を掃除したいのですが）

I'd like to mop the floor.（床にモップをかけたいのですが）

I need something to wipe with.（何か拭くものはありますか？）

Would you give me a hand?（手伝ってくれませんか？）

洗濯をする　　*Washing*

Reina : **I have a lot of washing to do.**
アイ ヘァヴァ ラッタヴ ワッシン トゥー ドゥー

Maggie : **Put them in the basket, I'll wash them for you.**
プッゼム イン ザ バスケッ アイル ワッシュ ゼム フォー ユー

Reina : **May I use the washing machine myself?**
メイ アイ ユーズ ザ ワッシン マシーン マイセルフ ↗

Maggie : **Sure.**
ショア

Reina : **Would you show me how to use it?**
ウッジュー ショウ ミー ハウ トゥー ユーズィッ ↗

Maggie : **Put some detergent here first.**
プッ サム ディタージェン ヒヤー ファースト

Reina : **How do I start it?**
ハウ ドゥー アイ スターティッ

Maggie : **Pull this knob.**
プル ディス ノーブ

Reina : **I see.**
アイ スィー

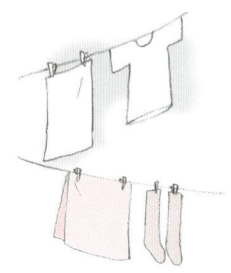

レ イ ナ ：洗濯物がたくさんあるのですが。
マ ギ ー ：かごに入れておいてね、洗ってあげるから。
レ イ ナ ：自分で洗濯機を使ってもいいですか？
マ ギ ー ：もちろん、いいわ。
レ イ ナ ：使い方を教えてください。
マ ギ ー ：まず、ここに洗剤を入れるのよ。
レ イ ナ ：どうやって動かすのですか？
マ ギ ー ：この取っ手を引くのよ。
レ イ ナ ：わかりました。

Key Word 単語

汚れている	**dirty** ダーティ	コインランドリー	**laundromat** ラーンドラマッ
手洗いする	**hand-wash** ヘァン ワッシュ	洗濯ネット	**laundry net** ラーンドリィ ネッ
アイロン台	**ironing board** アイアニン ボード	洗濯機で洗える	**machine-washable** マシーン ワッシャボー

（コマ内セリフ）
- I have a lot of washing to do.
- I'll wash them for you.
- Really??

聞いとこ！ こんな体験しました！

- 休日は自分で洗濯をしたが、平日は頼んでしてもらった。
- 洗濯機の使い方を聞いて、ホストマザーといっしょにやった。
- 洗濯はすべて、外に干さずに乾燥機で乾かしていたので、Tシャツが1枚縮んで小さくなってしまった。
- ホストファミリーでは、洗濯は1週間に1度しかしなかったので、洗濯をしたいときは自分から言ってした。

知っとこ！ アドバイス

- アメリカの主婦は、だいたい週に1回ほどまとめて洗濯をすることが多いようです。そのときに、いっしょに洗ってあげると言われたら遠慮せずに洗ってもらってかまいません。ただ、下着などを自分で洗いたい場合には I'd like to wash these myself.（アイド ライク トゥー ワッシュ ディーズ マイセルフ）（これは自分で洗いたいのですが）と言って、別に洗濯機を使わせてもらえばいいでしょう。
- 外に干さずに乾燥機を使うことが多いので、洗濯物が縮んだりすることがよくあります。色がうつってしまうということもあるので、洗濯を頼むときには注意が必要です。

よく使う文例

There's no detergent.
（ゼアーズ ノー ディタージェン）
（洗剤がありません）

When can I use the washing machine?
（ウェン キャナイ ユーズ ザ ワッシン マシーン）
（いつ洗濯機を使うことができますか？）

Is there a dry cleaner's near here?
（イズ ゼアラ ドライ クリーナーズ ニア ヒヤー↗）
（近くにクリーニング屋はありますか？）

This needs to be dry cleaned.
（ディス ニーズ トゥー ビー ドライ クリーンド）
（これはドライクリーニングが必要です）

ホームステイの始まり

日本のおみやげを渡す　*Presents*

Reina : I have something for you.
　　　　アイ ヘァヴ　　サムスィン　　フォー ユー

Maggie : Oh?
　　　　オウ↗

Reina : These are my small presents for you.
　　　　ディーズ　アー　マイ　スモール　　プレゼンツ　フォー ユー

Maggie : Oh, you didn't have to, Reina.
　　　　オー　ユー　ディドゥント　ヘァフタ　　レイナ

Reina : This is for you.
　　　　ディス イズ フォー ユー

Maggie : Thank you so much! May I open it?
　　　　サンキュー　ソー　マッチ　　メイ アイ オープニッ↗

Reina : Please open it.
　　　　プリーズ　　オープニッ

Maggie : Oh, my gosh! It's so pretty!
　　　　オー　マイ　ガッシュ　イッツ ソー　プリティ

Reina : I hope you like it.
　　　　アイ ホープ　ユー　ライキィッ

Maggie : I love it!
　　　　アイ　ラヴィッ

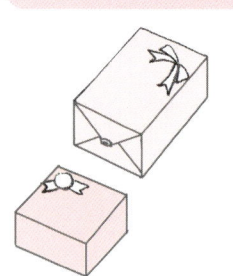

レ イ ナ ：渡したいものがあるのですが。
マ ギ ー ：何かしら？
レ イ ナ ：これはみなさんへのプレゼントです。
マ ギ ー ：そんなことをする必要はなかったのに。
レ イ ナ ：これは、あなたにです。
マ ギ ー ：ありがとう！　開けてもいいかしら？
レ イ ナ ：どうぞ開けてください。
マ ギ ー ：あらステキ！　とてもかわいいわ！
レ イ ナ ：気に入ってくれるといいんだけど。
マ ギ ー ：とても気に入りました！

Key Word 単語

扇子(せんす)	Japanese fan ジャパニーズ　ファン		のれん	shop curtain シャップ　カートゥン
折り紙	paper-folding ペイパー　フォールディン		漆器	lacquer ware ラッカー　ウェア
けんだま	cup and ball toy カップ　アン　ボール トイ		日本茶	Japanese green tea ジャパニーズ　グリーン　ティー

> This is for you. Please open it.
> ばりばり
> I love it!

聞いとこ！こんな体験しました！

- ダルマを持って行った。辞書を引きながらダルマの説明をした。
- ガラスの風鈴を持って行った。割れないように包んで手荷物として持って行った。喜んでくれた。
- アメリカの人はよく家族の写真を飾っているので、写真立てを持って行った。

知っとこ！アドバイス

- プレゼントが日本的なものである場合は、その説明をあらかじめ考えておく必要があります。たとえば、それが風呂敷なら、まず、Do you know what it is?（これが何だか知っていますか？）（ドゥー ユー ノー ウワッ イッティズノ）で始めて、This is a wrapping cloth.（これは、ものを包むための布です）（ディス イズ ア ラッピン クロス）、そして、I'll show you how to use it.（使い方を教えてあげます）（アイル ショウ ユー ハウ トゥー ユーズイッ）と言って、何かを包んで見せてあげればわかってもらえるでしょう。
- 日本と違って、もらったプレゼントはその場で開けるのがふつうです。包み紙をバリバリと破いて開けることもありますが、それはうれしさの表現なのです。
- 自分から Do you like it?（気に入りましたか？）（ドゥー ユー ライキッノ）と聞いても少しも失礼ではありません。積極的にこちらからたずねると、相手も喜びます。

よく使う文例

Do you like it?（気に入りましたか？）
ドゥー ユー ライキッノ

I'm glad you like it.（気に入ってもらってうれしいです）
アイム グラッジュー ライキッ

It's upside down.（それでは逆さまです）
イッツ アップサイド ダウン

I'll teach you how to play it.（遊び方を教えてあげます）
アイル ティーチ ユー ハウ トゥー プレイ イッ

ホームステイの始まり

朝晩のあいさつ　*Greetings*

Jane : Good morning, Reina!
　　　グッモーニン　　　レイナ

Reina : Good morning, Jane! How are you?
　　　　グッモーニン　　　ジェイン　ハウ　アー　ユー

Jane : I'm fine, thank you. And you?
　　　アイム ファイン　　サンキュー　　アンジュー↗

Reina : I'm fine too, thank you.
　　　　アイム ファイン トゥー　　サンキュー

Jane : How are you feeling?
　　　ハウ　アー　ユー　フィーリン

Reina : I'm feeling great!
　　　　アイム フィーリン　グレイト

Jane : Did you sleep well?
　　　ディジュー　スリープ　ウェル↗

Reina : Yes, I did.
　　　　イエス アイ ディドゥ

Jane : Shall we take a walk to the park?
　　　シャルウィ　テイカ　ウォーク トゥー ザ　パーク↗

Reina : That sounds great!
　　　　ザッ　　サウンズ　グレイトゥ

ジェイン：おはよう、レイナ！
レ イ ナ：おはよう、ジェイン！　元気ですか？
ジェイン：元気よ、ありがとう。あなたはどう？
レ イ ナ：私も元気です。ありがとう。
ジェイン：気分はどうかしら？
レ イ ナ：最高です。
ジェイン：よく眠れましたか？
レ イ ナ：はい。
ジェイン：公園に散歩に行きましょうか？
レ イ ナ：すてき！

あいさつ	greetings グリーティングズ	**Key Word 単語**	起きる	get up ゲタップ
早起き	early riser アーリー　ライザー		眠る	sleep スリープ
目が覚める	wake up ウェイカップ		寝相が悪い	untidy sleeper アンタイディ　スリーパー

（コマ内台詞）
- Good morning Reina! How are you? / I have a headache.
- Last night... / いびき
- I am an untidy sleeper. / Are you all right?

ホームステイの始まり

聞いとこ！こんな体験しました！

- よく「Hi!」を使った。
- ハグをされたときは「来たな～」と思った。ハグをされたときは両手を相手の背中につけた。
- ホストマザーからほっぺにキスされた。

知っとこ！アドバイス

- 朝のあいさつは、大きな声でGood morning!(グッモーニン)とはっきりと言いましょう。How're you doing?(ハウア ユー ドゥーイン)（調子はどうですか？）という表現もよく使われます。そうたずねられたら、I'm feeling great.(アイム フィーリン グレイト)（とても気分がいいです）などと答えます。
- 夜、そろそろ部屋に帰って寝たいなと思ったら、I'm a little sleepy now.(アイム ア リル スリーピー ナウ)（ちょっと眠くなりました）などと言って部屋に行けばよいのです。もちろん、そのあとにGood night!(グッナイ)（おやすみなさい）のあいさつを忘れないように。
- "Good morning" in Japanese is "Ohayo!".(グッモーニン イン ジャパニーズ イズ オハヨー)（日本語では"おはよう！"と言います）と言うとおもしろいかもしれません。「おはよう」の発音が、オハイオ州(Ohio)(オハイオ)の発音とよく似ているのです。
- 「私は寝起きがいい」は、I'm a good riser.(アイマ グッ ライザー)、「私は寝起きが悪い」は I'm a poor riser.(アイマ プアー ライザー) と言います。

よく使う文例

Hi!(ハァイ)（やあ！）[いつでも使える気軽なあいさつ]

Everything is fine.(エヴリィスィン イズ ファイン)（すべて順調にいっています）

I had better go to bed.(アイ ヘァド ベター ゴー トゥー ベッド)（もう寝ることにします）

See you tomorrow.(スィー ユー トゥマロー)（じゃ、また明日）

電話の使い方 *Telephone*

Reina: **May I use your phone?**
メイ アイ ユーズ ヨア フォーン ↗

Jane: **Sure. Go right ahead.**
ショア ゴー ライタ ヘッドゥ

Reina: **Hello! May I speak with Mary?**
ハロー メイ アイ スピーク ウィズ メアリィ ↗

Mr. Green: **Who is this, please?**
フー イズ ディス プリーズ

Reina: **This is Reina**
ディス イズ レイナ

Mr. Green: **Hold on, please.**
ホールドン プリーズ

Mary: **Hi, Reina! How're you doing?**
ハァイ レイナ ハウア ユー ドゥーイン

Reina: **Hi, Mary! I'm fine and you?**
ハァイ メアリィ アイム ファイン アンジュー ↗

Mary: **I'm OK.**
アイム オーケー

Reina: **Shall we go shopping this afternoon?**
シャル ウィ ゴー シャッピン ディス アフタヌーン ↗

レイナ：電話を使ってもいいですか？
ジェイン：もちろん、いいですよ。どうぞ。
レイナ：もしもし！ メアリーさんはいますか？
グリーン：どちら様ですか？
レイナ：レイナです。
グリーン：ちょっとお待ちください。
メアリー：ハーイ、レイナ！ 元気？
レイナ：ハーイ、メアリー！ 私は元気よ、あなたは？
メアリー：元気よ。
レイナ：今日の午後、買い物に行かない？

Key Word 単語

携帯電話	**cellular phone** セラ フォーン	留守番電話	**answering machine** アンサリン マシーン
電話番号	**phone number** フォーン ナンバー	留守番電話の発信音	**beep** ビープ
料金	**charge** チャージ	市外局番	**area code** エアリァ コード

こんな体験しました！

- 電話がかかってきたときは、とにかくHold on, please.と言って家の人を呼んだ。
- 電話のベルの音が、日本のよりも長くて間隔もだいぶ長かった。

知っとこ！アドバイス

- だれもいないときに電話がかかってきたら、Would you call again please?（また電話してくださいませんか？）と言えばよいでしょう。家にだれかいる場合は、Who is this, please?（どちら様ですか？）と相手を確認してから Hold on, please.（少々お待ちください）と言って家の人を呼んでください。
- かかってきた電話が間違い電話だということがわかったら、I'm sorry you got the wrong number.（間違い電話です）と言います。相手の言うことがよくわからないときは、Would you speak a little slower?（もう少しゆっくり話してくれませんか？）と言いましょう。
- 電話をして相手がいなかった場合には、I'll call her again later.（またあとで彼女に電話をします）などと言います。
- だれかによろしく言ってもらいたいときは、Please say hello to Bob for me.（ボブによろしく言ってください）と言えばいいでしょう。

よく使う文例

When will she be back?（彼女はいつ戻ってきますか？）

May I leave a message?（伝言をお願いできますか？）

She'll be back by 5pm.（彼女は5時までに戻ります）

I can't hear you very well.（よく聞こえないのですが）

ホームステイの始まり

国際電話をかける *International Call*

Reina: I'd like to call Japan.
アイド ライク トゥー コール ジャパン

Jane: Sure. Go right ahead.
ショア ゴー ライタ ヘッドゥ

Reina: I'd like to call collect.
アイド ライク トゥー コール コレクト

Jane: Then, call the operator first.
ゼン コール ズィ アパレイター ファースト

Reina: [dialing] Operator, a collect call to Japan, please.
ダイアリン アパレイター ア コレクト コール トゥー ジャパン プリーズ

Operator: Would you give me the name and the number
ウッジュー ギヴ ミー ザ ネイム アン ザ ナンバー
of the other party?
アヴ ズィ アザー パーティ

Reina: I'd like to call Mrs. Nakada. The number is
アイド ライク トゥー コール ミセス ナカダ ザ ナンバー イズ
Tokyo 0123-4567.
トーキョー ゼロワントゥースリー フォーファイヴスィックスセヴン
This is Miss Reina Nakada.
ディス イズ ミス レイナ ナカダ

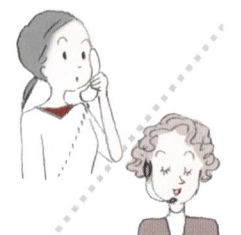

レ イ ナ：日本に電話をしたいのですが。
ジェイン：いいですよ。どうぞ。
レ イ ナ：コレクトコールにしたいのですが。
ジェイン：それじゃ、まず交換手を呼んでください。
レ イ ナ：[ダイヤルする] 交換手さん、日本にコレクトコールをお願いします。
交 換 手：相手の名前と番号をどうぞ。
レ イ ナ：ナカダさんをお願いします。番号は、東京0123－4567です。こちらはレイナ・ナカダです。

Key Word 単語

指名通話	person to person call (パースン トゥ パスン コル)	国際電話	overseas call (オーヴァースィーズ コール)
時差	time difference (タイム ディファレンス)	かけなおす	call again (コール アゲイン)
国際電話	international call (インターナショナル コール)	キャンセルする	cancel (キャンスル)

聞いとこ！こんな体験しました！

- 決まった時間を話せるプリペイドカードが売っているので、スーパーに買いに連れて行ってもらった。
- 時差を考えずに家に電話したら、夜中にかけてしまった。

知っとこ！アドバイス

- 日本へ電話をする場合は、まずMay I use your phone?（メイ アイ ユーズ ヨア フォーン）（電話を使ってもいいですか？）と言い、I'd like to make a phone call to Japan.（アイド ライク トゥー メイカ フォーン コール トゥー ジャパン）（日本に電話をしたいのですが）と断ってからかけましょう。

  だまって電話をして、あとで電話したことがわかったりすると相手もいやな気がします。請求書がくれば、いつどこに電話したかがわかるので、問題になってしまいます。

- 日本にかける場合は時差があるので、真夜中にかけないように気をつけましょう。交換手などにWhat's the local time in Japan?（ウワッツ ザ ローコー タイム イン ジャパン）（今、日本は何時ですか？）とたずねるとよいでしょう。

- 相手がいなかった場合は、I'll try again later. Thank you.（アイルトライ アゲイン レイター サンキュー）（またあとでかけてみます。ありがとう）と言えばいいでしょう。

よく使う文例

Would you help me to call the operator?
（ウッジュー ヘルプ ミー トゥー コール ズィ オペレイター）
（交換手を呼び出すのを手伝ってくれませんか？）

Would you tell me the charge later?
（ウッジュー テル ミー ザ チャージ レイター）
（料金をあとで教えてください）

Your party is on the line now. （相手の人が出ました）
（ヨア パーティ イズ オン ザ ライン ナウ）

The line is busy. （話し中です）
（ザ ライン イズ ビズィ）

ホームステイの始まり

家族について *Family*

Jim : How many members are there in your family?
ハウ　メニー　メンバーズ　アー　ゼア　イン　ヨア　ファミリィ

Reina : There are five of us.
ゼアラー　ファイヴ　アヴ　アス

Jim : Do you have any brothers and sisters?
ドゥー　ユー　ヘァヴ　エニー　ブラザーズ　アン　スィスターズ↗

Reina : Yes. I have a brother and a sister.
イエス　アイ　ヘァヴァ　ブラザー　アンダ　スィスター

Jim : What does your father do?
ウワッ　ダズ　ヨア　ファーザー　ドゥー

Reina : He's a dentist.
ヒーズ　ア　ダンティスト

Jim : Does your mother also work?
ダズ　ヨア　マザー　オールソー　ワーク↗

Reina : No, she doesn't. She's a housewife.
ノー　シー　ダズン　シーズ　ア　ハウスワイフ

Jim : Do you have a picture of your family?
ドゥー　ユー　ヘァヴァ　ピクチャー　アヴ　ヨア　ファミリィ↗

Reina : Sure. I'll show you.
ショア　アイル　ショウ　ユー

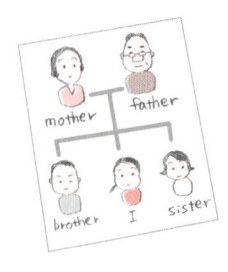

ジ　ム　：あなたは何人家族ですか？
レイナ　：5人です。
ジ　ム　：兄弟か姉妹はいますか？
レイナ　：はい、兄が1人と妹が1人います。
ジ　ム　：お父様は何をしているのですか？
レイナ　：父は歯科医です。
ジ　ム　：お母様も働いているのですか？
レイナ　：いいえ、彼女は主婦です。
ジ　ム　：家族の写真を持っていますか？
レイナ　：もちろんです。見せてあげます。

Key Word 単語

大家族	large family (ラージ ファミリィ)		母方の祖母	my maternal grandmother (マイ マターナル グランマザー)
仕事	job (ジャブ)		父方の祖父	my paternal grandfather (マイ パターナル グランファーザー)
きずな	bonds (バンズ)		団らん	enjoying each other's company (エンジョイイン イーチ アザーズ カンパニー)

（コマ1）I'll show you a picture of my family.
（コマ2）Who is she?
（コマ3）It's me. そのころは太ってたの。 You have changed!

聞いとこ！こんな体験しました！

- 家族の写真を持っていたので、1人ひとりを紹介した。家族の年齢や仕事について聞かれた。
- アメリカでは、兄弟や姉妹がいても、いちいち弟だとか姉だとかは言わないようだった。
- 日本人は若く見られるらしく、私は高校1年生なのに小学生に間違えられたことがあった。

知っとこ！アドバイス

- アメリカなどでは兄弟や姉妹がいても、I have a sister.と言うだけで、それが姉（a big sister）なのか妹（a little sister）なのか、ふつうは言いません。
- もちろん、自分の家族を紹介する場合はI have a big (little)brother.（兄[弟]が1人います）と言ったほうがよくわかります。年齢の上下を言う場合には、an older(elder)brother（兄）、a younger sister（妹）という言い方もあります。
- I'm an only child.（私はひとりっ子です）やI'm the oldest(youngest).（私はいちばん年上[年下]です）も覚えておくといいでしょう。

よく使う文例

I have two brothers.（兄弟が2人います）

We're very close.（私たちは仲がいいです）

My father works for a stock company.
（父は証券会社で働いています）

I'll show you a picture of my family.
（私の家族の写真を見せてあげます）

自分をよく知ってもらう

学校について　　*School*

Maggie: Where's your school located?
Reina: It's in Tokyo.
Maggie: Which school are you going to?
Reina: I'm going to the private girls' high school.
Maggie: Which grade are you in, Reina?
Reina: I'm in the tenth grade.
Maggie: Do you belong to any clubs?
Reina: Yes. I belong to the karate club.
Maggie: How long have you practiced karate?
Reina: Four years since junior high school.

マギー　：あなたの学校はどこにありますか？
レイナ　：東京にあります。
マギー　：どこの学校に行っているのですか？
レイナ　：私立の女子高に行っています。
マギー　：あなたは何年生なのですか、レイナ？
レイナ　：10年生（高校1年生）です。
マギー　：何かクラブに入っていますか？
レイナ　：はい、空手クラブに入っています。
マギー　：どのくらい長く空手をやっているのですか？
レイナ　：中学のときから4年間続けています。

Key Word 単語

茶道部	Tea ceremony club
チアリーダークラブ	cheerleading squad
バスケットボール部	basketball team
毛染め	hair dyeing
文化祭	school festival
塾	cram school

こんな体験しました！

- ホームステイ先の子の学校では、人間の髪の毛の色なら何色に染めてもいいという話を聞いた。
- 日本の校則で、髪の長さや制服の話をしたら、本当にびっくりしていた。
- 受験のことや、塾のことについていろいろと聞かれた。「大変なのね」とみんなに同情された。

知っとこ！アドバイス

- アメリカの学校と日本の学校の違うところは、たとえばアメリカの学校では制服というものがないのがふつうです。We have a uniform.（私たちには制服があります）と言うと珍しがられるのもそのためです。また、We can't wear earrings at school.（学校ではイヤリングは禁止されています）というような校則もあまりなく、それも違いのひとつです。
- 共学の場合は、My school is co-educational.（私の学校は男女共学です）と言います。また、女子高はall girls' high school、男子校はall boys' high schoolです。覚えておくといいでしょう。

自分をよく知ってもらう

よく使う文例

My favorite subject is English.（私の好きな科目は英語です）

I hate math.（数学は嫌いです）

We have many school regulations.（校則がたくさんあります）

We can't have our hair permed.
（パーマをかけることはできません）

趣味の話 *Hobbies*

Reina: What are your hobbies?
ウワッター　ヨア　ハビーズ

Maggie: I like listening to music.
アイ ライク　リスニン　トゥー ミューズィック

Reina: What kind of music do you like?
ウワッ　カインダヴ ミューズィック ドゥー ユー ライク

Maggie: I like jazz. How about you?
アイ ライク ジャズ　ハウ　アバウチュー

Reina: I like pop music.
アイ ライク パップ ミューズィック

Maggie: What do you do when you have spare time?
ウワッ　ドゥー ユー ドゥー ウェン　ユー　ヘァヴ　スペア　タイム

Reina: I practice karate and sometimes I play tennis.
アイ プラクティス　カラテ　アン　サムタイムズ　アイ プレイ　テネス

Maggie: I'm very interested in karate.
アイム ヴェリー インタレスティッドゥイン　カラテ

Reina: I'll teach you karate while I'm staying here.
アイル ティーチュー　カラテ　ホワイル アイム ステイン　ヒヤー

Maggie: Great!
グレイト

レ イ ナ ： 趣味は何ですか？
マ ギ ー ： 音楽を聞くのが好きです。
レ イ ナ ： どんな音楽が好きですか？
マ ギ ー ： ジャズが好きです。あなたは？
レ イ ナ ： 私はポップミュージックが好きです。
マ ギ ー ： 時間があるときは何をしているの？
レ イ ナ ： 空手の稽古をしたり、ときどきテニスをします。
マ ギ ー ： 私、空手にとても興味があるの。
レ イ ナ ： 私がいる間に教えてあげます。
マ ギ ー ： うれしいわ！

Key Word 単語

最新ファッション　**latest fashion**
　　　　　　　　レイテスト　ファッション

ぬいぐるみ　**stuffed animals**
　　　　　　スタッフト　アニマルズ

水彩画　**watercolor painting**
　　　　ウォーターカラー　ペインティン

油絵　**oil painting**
　　　オイル　ペインティン

踊り　**dancing**
　　　ダンスィン

映画鑑賞　**watching movies**
　　　　　ウワッチン　ムーヴィーズ

聞いとこ！こんな体験しました！

- ホストファザーがピアニストで、私もピアノをやっているので教えてもらったりしてとても楽しかった。
- 女の子どうし、ファッションの話がいちばん盛り上がった。
- お互いに見ている映画が同じものが多かったので、よく映画の話をした。

知っとこ！アドバイス

- 趣味についての会話は盛り上がるので、自分の好きなことを説明できるようにしておきましょう。それには、I like to～（～するのが好きです）を用いてI like to listen to music.（音楽を聞くのが好きです）、あるいは、I like to play tennis.（テニスをするのが好きです）のように言えば簡単です。
- 相手にたずねる場合には、What are your hobbies?（あなたの趣味は何ですか？）と言います。このように聞かれたときは、My hobby is shopping.（私の趣味は買い物です）というように、動詞にingをつけた形を使うと便利です。
- このほかにreading（読書）、chatting（おしゃべり）、swimming（水泳）なども覚えておきましょう。

よく使う文例

Who's your favorite musician?
（どのミュージシャンが好きですか？）

What are you interested in? （何に興味がありますか？）

I'm interested in scuba diving.
（スキューバダイビングに興味があります）

That's fun. （おもしろいです）

友だちの話 *Friends*

Jane: You have many friends in Japan, don't you?
Reina: Sure. I have many good friends.
Jane: What do you do with them?
Reina: Well, sometimes we go shopping, eat at fast food restaurants or go to karaoke.
Jane: That sounds like fun.
Reina: Some of my friends belong to the same karate club at school. We practice together every day.
Jane: You enjoy your school life very much, don't you?
Reina: We also study very hard before the test.

ジェイン：日本では、たくさん友だちがいるのでしょうね？
レ イ ナ：はい、たくさん友だちがいます。
ジェイン：友だちといっしょに何をしますか？
レ イ ナ：そうですね、ときどき買い物に行ったり、ファーストフードを食べに行ったり、カラオケに行きます。
ジェイン：楽しそうですね。
レ イ ナ：友だちの何人かは、同じ空手クラブに入っています。毎日、いっしょに練習しています。
ジェイン：学校生活をとても楽しんでいるのね？
レ イ ナ：勉強も一生懸命します、テストの前は。

Key Word 単語

おこづかい	allowance	親切な	kind
おしゃべり	chatting	口げんか	quarrel
性格	character	仲直り	making up

> We also study very hard before the test.

> How about after the test?

> えへへ…。

聞いとこ！ こんな体験しました！

- 友だちの写真を持って行った。見せたらいろいろ聞かれて一生懸命に説明した。
- 私と話すときはゆっくり話してくれたが、自分の友だちと話すときはものすごく速く話すので、聞き取れないことが多かった。

知っとこ！ アドバイス

- コンピューター用語として使われているチャット(chat)は、おしゃべりをするという意味です。学校の帰りに友だちとおしゃべりをするというようなことを言いたい場合には、We hang out at fast-food restaurants and enjoy chatting.（ファーストフード店に行って、おしゃべりをします）と言えばよいでしょう。
- 携帯電話に関しては、We always talk to each other on our cell phones.（いつも、携帯電話で連絡を取り合っています）、あるいは、We send mail to each other.（お互いにメールを送ります）などの表現が役に立ちます。
- 部活のことを club activitiesと言います。I'm very busy with club activities.（私は部活でとても忙しいです）のように使います。

よく使う文例

She's my close friend.（彼女は私の親友です）

We sometimes go shopping together.
（私たちは、ときどきいっしょに買い物に行きます）

She's my childhood friend.（彼女は幼なじみです）

We talk about many things.
（私たちは、いろいろなことについて話します）

自分をよく知ってもらう

日本での生活　　　*Japanese Life*

Maggie: What time do you usually get up every day?

Reina: I usually get up at 6:45 a.m.

Maggie: How do you go to school?

Reina: I go to school by subway. It's very clean, safe and fast. But it's crowded in the morning.

Maggie: What do you do on the weekends?

Reina: Well, I clean my room and do my washing and sometimes I go shopping with my friends.

Maggie: Do you go to the movies or concerts?

Reina: Yes, I do very often.

マギー　：毎日、ふつうは何時に起きるのですか？
レイナ　：たいてい、6時45分に起きます。
マギー　：学校には、どうやって行くのですか？
レイナ　：地下鉄で行きます。地下鉄は、きれいで安全、そして速いのです。でも、朝は混みます。
マギー　：週末は何をするのですか？
レイナ　：そうですね。部屋を掃除したり、洗濯をしたり、ときどき、友だちと買い物に行ったりします。
マギー　：映画とかコンサートには行きますか？
レイナ　：はい、よく行きます。

Key Word 単語

交通機関	transportation	便利	convenience
通勤電車	commuter train	治安	security
日常生活	daily life	物価	prices

こんな体験しました！

- 日本の電車は、朝は数分ごとに来るという話をしたらびっくりしていた。
- 地下鉄の路線が10本以上あるという話をしたら、それは便利だね！と驚いていた。
- 休みの日には何をしているのか、とたずねられた。
- 決まったおこずかいはもらっているのか、と聞かれた。

知っとこ！アドバイス

- 日常生活について話す場合、たとえば What time do you leave your house?（家を何時に出るのですか？）というように聞かれたら、I usually leave my house at 7a.m.（いつも7時に家を出ます）のように答えます。この場合に、always（いつも）、often（しばしば）、sometimes（ときどき）、seldom（めったに〜しません）などを入れ替えて使えば、いろいろな表現をすることができて便利です。
- 「その時間に〜をする」という場合には前置詞の"at"を使います。内容がわかっていれば、At 5p.m.（5時に〜をします）と言うこともできます。

よく使う文例

The trains are very crowded.（電車はとても混んでいます）

The trains come every few minutes.（電車は数分ごとに来ます）

I usually go to bed at 11p.m.（いつも午後11時に寝ます）

My mother fixes my breakfast.（母が朝食を作ってくれます）

日本はどこにある？ *Where's Japan?*

Reina: Do you know where Japan is?

Maggie: I think so. Wait a second, I'll get a map. This is Japan, right?

Reina: Right. Very good! Over one hundred twenty million people are living there.

Maggie: Is it hot in summer?

Reina: It's hot and wet in summer and cold and dry in winter.

Maggie: Do you have much snow in winter?

Reina: It depends where you live.

レイナ　：日本がどこにあるか知っていますか？
マギー　：知っているわ。ちょっと待ってね。地図を取ってくるから。これが日本でしょ？
レイナ　：そのとおり。よくできました！
　　　　　１億２千万人以上がそこに住んでいるんです。
マギー　：夏は暑いのですか？
レイナ　：夏は暑くて湿度が高く、冬は寒くて乾燥しています。
マギー　：冬は雪がたくさん降りますか？
レイナ　：住んでいる場所によります。

Key Word 単語

人口	population	梅雨	rainy season
首都	capital	県	prefecture
1200万	twelve million	半島	peninsula

(コマ1) Do you know where Japan is? / I think so.
(コマ2) Over one hundred twenty million people are living there.
(コマ3) ちがうちがう〜
(コマ4) ぎゃうぎゃう

聞いとこ！ こんな体験しました！

- 日本がどこにあるか知らないようだったので、教えてあげた。
- 東京に1200万人以上住んでいると言ったら、びっくりしていた。
- 京都という地名をよく知っていた。

知っとこ！ アドバイス

- 日本人を受け入れるような家庭は、日本について興味を持っている場合が多いので、いろいろと日本について聞かれるかもしれません。外国人向けの、日本のガイドブックを持って行くこともできますが、やはり直接説明してあげるのがコミュニケーションもとれ、英語の勉強にもなります。

- 日本について説明する場合の主語は、We have many typhoons every year.（毎年、たくさん台風が来ます）、We have only one time zone.（時間帯はひとつだけです）のように、いつも "I" ではなくて "We" を用いるので注意してください。

- アメリカは広いので、国内にも時差があります。主なもので、西から東に向かって
    Pacific Standard Time(太平洋標準時：略PST)
    Mountain Standard Time(山地標準時：略MST)
    Central Standard Time(中部標準時：略CST)
    Eastern Standard Time(東部標準時：略EST)
となっており、それぞれの時差は1時間です。

よく使う文例

We have four clearly defined seasons.（四季がはっきりしています）

We have many earthquakes and typhoons.（地震と台風が多いです）

We have only one time zone.（時間帯はひとつだけです）

We have "Tsuyu", a rainy season, in June.
（6月に梅雨という雨期があります）

日本をよく知ってもらう

日本の食べ物 *Japanese Food*

Reina: Sushi is very popular in America, isn't it?
スシ イズ ヴェリー パピュラー イン アメリカ イズンティッ

Jane: That's true. Sushi is tasty and healthy.
ザッツ トゥルー スシ イズテイスティ アン ヘルスィー

Reina: I was very surprised to see the sushi bars.
アイウォズ ヴェリー サプライズド トゥー スィー ザ スシ バーズ

Jane: We also eat tofu, shiitake mushrooms, sukiyaki,
ウィ オールソー イートゥトーフ シイタケ マッシュルームズ スキヤキ

and "Cup O'Noodle".
アン カッポ ヌードゥル

Reina: I'm so happy to find those Japanese foods here.
アイム ソー ヘァッピー トゥーファインド ゾーズ ジャパニーズ フーズ ヒヤー

Jane: Do you eat rice three times a day?
ドゥーユー イートゥライス スリー タイムズ ア デイ↗

Reina: Not so often.
ナッ ソー オフン

For example, I sometimes eat rice once a day.
フォー イグザンポー アイ サムタイムズ イートゥライス ワンス ア デイ

I also eat bread, pasta, noodles and so on.
アイ オールソー イートゥ ブレッド パスタ ヌードゥルズ アン ソー オン

レイナ ：スシは、アメリカで人気がありますね？
ジェイン：はい、あります。スシはおいしいし、健康にいいので。
レイナ ：スシ屋があったので、びっくりしました。
ジェイン：豆腐、シイタケ、すき焼き、カップヌードルも食べますよ。
レイナ ：ここで日本の食べ物を見つけられたのでうれしいです。
ジェイン：お米は1日に3回食べるのですか？
レイナ ：いいえ、そんなに食べません。たとえば、お米を1日1回食べることもあります。パンやパスタ、麺類なども食べます。

Key Word 単語

箸（はし）	chopsticks チャップスティックス	海苔（のり）	sea weed スィー ウィード
茶碗	rice bowl ライス ボウル	ウニ	sea urchin スィー アーチン
炊飯器	rice cooker ライス クッカー	すじこ	salmon roe サーモン ロウ

聞いとこ！こんな体験しました！

- ホストファザーはみそ汁が大好きで、インスタントのみそ汁をいつも持ち歩いていた。
- スーパーに行くと、しょうゆやお米、豆腐まで売っていたのでうれしくなった。

知っとこ！アドバイス

- 豆腐やシイタケなどの食材も、日本食が健康によいということがわかってきたので、アメリカのスーパーでもよく売られています。しかし、私たちが日本でふだん口にする食べ物でも、まだまだ知られていないものもたくさんあります。次のように説明してあげましょう。

うどん	thick wheatflour noodle
そば	buckwheat noodle
おでん	Japanese hotchpotch
焼きとり	grilled chicken
おにぎり	rice ball
みそ汁	miso soup
うなぎの蒲焼	broiled eel
鍋物	hot pot dish (cooked at the table)

日本をよく知ってもらう

よく使う文例

Have you ever tried Japanese food?
（日本料理を食べたことがありますか？）

Do you like Japanese food?（日本料理は好きですか？）

We eat it raw.（それは生で食べます）

We don't eat rice so often.（お米はそんなに食べません）

日本の住居　　Japanese Home

Maggie : **Where do you live in Tokyo?**
ウェアー　ドゥー　ユー　リヴ　イン　トーキョー

Reina : **I live in downtown Tokyo.**
アイ リヴ イン　ダウンタウン　トーキョー

Maggie : **Do you live in a Japanese house?**
ドゥー ユー　リヴ　インナ　ジャパニーズ　ハウス↗

Reina : **No. We live in a 3LDK mansion.**
ノー　ウィ　リヴ　インナ スリーエルディーケー マンション

Maggie : **What's that?**
ウワッツ　ザッ

Reina : **It's a condo with three bedrooms, a living room,**
イッツア　コンドー　ウィズ　スリー　ベッドルームズ　ア リヴィン　ルーム
a dining room and a kitchen.
ア ダイニン　ルーム　アンダ　キッチン

Maggie : **Oh, I see.**
オー アイ スィー

Reina : **A house is very expensive in big cities.**
ア　ハウス　イズ　ヴェリー　イクスペンスィヴ　イン ビッグ スィティズ

Maggie : **That's the same story here.**
ザッツ　ザ　セイム　ストーリー ヒヤー

マギー　：東京のどこに住んでいるのですか？
レイナ　：東京の下町に住んでいます。
マギー　：日本家屋に住んでいるのですか？
レイナ　：いいえ、3LDKのマンションに住んでいます。
マギー　：それは何ですか？
レイナ　：寝室が3つ、リビングルーム、ダイニングルーム、そして台所のついているマンションのことです。
マギー　：なるほど。
レイナ　：大きな都市では、家は高いのです。
マギー　：それはここでも同じです。

玄関	front door フロント ドア	仏壇	Buddhist altar ブッディスト オールター
床の間	alcove アルコウヴ	押入れ	closet クロゼッ
神棚	Shinto altar シントー オールター	障子(しょうじ)	paper sliding door ペイパー スライディン ドア

Key Word 単語

聞いとこ！こんな体験しました！

- 日本では、靴を脱いで家に入ると言ったら、なぜかと聞かれたので説明した。
- 町にFutonという看板がかかっている店があって、布団みたいなものを売っていたので驚いた。

知っとこ！アドバイス

- 日本でマンションと呼んでいるものは、アメリカでは"condominium"あるいは、短く"condo"と言っています。マンションというのは、英語では大きな門のついた大邸宅のことを指すので、日本とは使い方が違います。
- 日本では、家の中では靴を脱ぐので、We take off our shoes at the front door and enter the house.（玄関で靴を脱いで家に入ります）と説明してあげましょう。
- お風呂の入り方もだいぶ違うので、We don't use soap and shampoo in the bathtub.（湯ぶねの中では、せっけんやシャンプーは使いません）と言ってください。

日本をよく知ってもらう

よく使う文例

We wash ourselves on the draining floor.
（私たちは湯ぶねの外で体を洗います）

We sleep between the mattress and comforter.
（私たちは、敷布団と掛け布団の間に入って寝ます）

Tatami(straw) mats are very comfortable to live on.
（畳は住むのに快適です）

The rooms are small. （部屋は小さいです）

日本の教育制度

Japanese Educational System

Jim: Would you tell me about Japan's educational system?
ウッジュー テル ミー アバウト ジャパンズ エジュケイシャナル スィステム

Reina: Compulsory education starts at the age of six.
カンパルサリー エジュケイシャン スターツ アッ ズィ エイジ アヴ スィックス

Jim: How long is it?
ハウ ロン イズ イッ

Reina: It's for nine years. We have the 6-3-3 educational system.
イッツ フォー ナイン イヤーズ ウィ ヘァヴ ザ スィックス スリー スリー エジュケイシャナル スィステム

Jim: When does a new school year start in Japan?
ウェン ダズ ア ニュー スクール イヤー スタート イン ジャパン

Reina: It starts in April and ends in March.
イッ スターツ イン エイプリル アン エンズ イン マーチ

Jim: I hear the entrance exams are very competitive.
アイ ヒヤー ズィ エントランス イグザムズ アー ヴェリー カンペティティヴ

Reina: Yes, they are. We must study very hard to pass them.
イエス ゼイ アー ウィ マスト スタディ ヴェリー ハード トゥー パス ゼム

ジ ム ：日本の教育制度について教えてください。
レ イ ナ ：義務教育は6歳から始まります。
ジ ム ：どのくらいの期間ですか？
レ イ ナ ：9年間です。6－3－3制の教育です。
ジ ム ：日本では、新しい学年はいつ始まりますか？
レ イ ナ ：4月に始まって、3月に終わります。
ジ ム ：入学試験は、競争が激しいらしいですね。
レ イ ナ ：はい、合格するためには、一生懸命勉強しなくてはなりません。

Key Word 単語

幼稚園	nursery school (ナーサリー スクール)	専門学校	vocational school (ヴォケイシャナル スクール)
小学校	elementary school (エレメンタリー スクール)	大学	college (カレッジ)
中学校	junior high school (ジュニア ハイ スクール)	卒業	graduation (グランジュエイシャン)
高校	senior high school (スィニア ハイ スクール)	就職	finding a job (ファインディン ア ジャブ)

> I hear the entrance exams are very competitive.
> Yes, they are.
> 目指せ○○大!!
> We must study very hard to pass them.
> I'm sorry to hear that.
> 私ももうすぐ受験が〜

聞いとこ！こんな体験しました！

- 日本では、桜の花が咲くころに入学すると教えてあげた。
- 大学の入試のことや学費のことなどについて聞かれたが、うまく英語で説明できなくて残念だった。

知っとこ！アドバイス

- アメリカの学校は、新学期が9月に始まり5月に終わります。長い夏休みが終わって新しい学年が始まるというわけです。また、入学試験をひとつの場所で、いっせいにやるということはありません。
- アメリカでは、小学校1年から高校3年まで通して数えます。たとえば、中学1年生はseventh grade（7年生）ということになり、高校3年生はtwelfth grade（12年生）と言います。大学に入ると、それぞれに大学1年（freshman, freshwoman）、大学2年（sophomore）大学3年（junior）大学4年（senior）という言い方があります。

日本をよく知ってもらう

よく使う文例

Nursery school is not compulsory.
ナーサリー　スクール　イズ　ナッ　カンパルサリー
（幼稚園は義務教育ではありません）

Many students are studyig at cram schools.
メニー　ステューデンツ　アー　スタディン　アッ　クラム　スクールズ
（多くの学生は塾で勉強しています）

I majored in economics in college. （私は大学で経済を専攻しました）
アイ　メジャード　イン　エカナミックス　イン　カレッジ

School starts at the age of six. （学校は6歳から始まります）
スクール　スターツ　アッ　ズィ　エイジ　アブ　スィックス

日本の観光地　*Sightseeing in Japan*

Reina: Kyoto, Nara and Nikko are very popular places among tourists.

Jim: I've heard of Kyoto.

Reina: It takes about 2 hours by Shinkansen from Tokyo.

Jim: Kyoto is a very old city, isn't it?

Reina: Yes, it is. Kyoto was the capital of Japan for more than one thousand years.

Jim: Is Nara also an old city?

Reina: It's older than Kyoto and famous for its huge bronze Buddha.

レイナ　：京都、奈良、日光は観光客の間で人気があります。
ジ　ム　：京都について聞いたことがあるよ。
レイナ　：東京から新幹線で約2時間です。
ジ　ム　：京都はとても古い町なのですね。
レイナ　：はい。京都は1000年以上もの間、日本の首都でした。
ジ　ム　：奈良も古い都市だね。
レイナ　：奈良は京都よりも古くて、大仏さまでも有名です。

Key Word　単語

名所	famous place	まんじゅう	bun with a bean paste filling
温泉	hot springs	紅葉	red leaves of autumn
名物	specialty	満開の桜	cherry blossoms in full bloom

聞いとこ！こんな体験しました！

- ホストファミリーは何度か日本に行ったことがあるらしく、日本の食べ物や新幹線のことなどをよく知っていた。
- さすがに京都や奈良は有名らしく、行ったことがあるという人に何人も会った。

知っとこ！アドバイス

- 観光地について説明する場合には、When you go to Japan, you should visit Nikko.（日本に行ったら、日光を訪れたほうがいいですよ）という表現で始めて、It's famous for its beautiful scenery.（それは美しい景色で有名です）などと続けるとうまく会話が展開するでしょう。
- また、Fall is the best season to visit Kyoto.（京都を訪れるのにいちばんの季節は秋です）という表現も役に立ちます。逆にWhat about Japan are you interested in?（日本で、何に興味がありますか？）とたずねてもいいでしょう。

よく使う文例

There's also the statue of Buddha in Kamakura.
（鎌倉にも大仏があります）

Many tourist spots have hot springs.
（多くの観光地には、温泉があります）

The Shinkansen runs about 270km an hour[170mile/hr].
（新幹線は時速270キロ［170マイル］で走ります）

日本の武道 — Japanese Martial Arts

Maggie: I'm interested in Japanese martial arts.
アイム インタレスティッド イン ジャパニーズ マーシャル アーツ

Reina: Really? I'm glad to hear that.
リーリィ アイム グラットゥー ヒヤー ザッ

Maggie: You practice karate, don't you?
ユー プラクティス カラテ ドンチュー

Reina: Yes. I belong to the karate club at school.
イエス アイ ビロン トゥー ザ カラテ クラブ アッ スクール

Maggie: How often do you practice?
ハウ オフン ドゥー ユー プラクティス

Reina: We practice five times a week.
ウィ プラクティス ファイヴ タイムズ ア ウィーク

Maggie: Do you have other clubs of martial arts?
ドゥー ユー ヘァヴ アザー クラブス アヴ マーシャル アーツ

Reina: We also have the judo, aikido, and kendo club.
ウィ オールソー ヘァヴ ザ ジュードー アイキドー アン ケンドー クラブ

Maggie: Are you a black belt?
アー ユー ア ブラック ベルトゥ

Reina: Yes. I'm a second degree black belt.
イエス アイム ア セカン ディグリー ブラック ベルトゥ

マギー　：私は日本の武道に興味を持っています。
レイナ　：本当ですか？　それを聞いてうれしいです。
マギー　：あなたは、空手を練習しているんでしょう？
レイナ　：はい、学校で空手クラブに入っています。
マギー　：どのくらい練習するのですか？
レイナ　：週に5回、練習しています。
マギー　：ほかに武道のクラブはあるのですか？
レイナ　：柔道、合気道、剣道のクラブがあります。
マギー　：あなたは黒帯ですか？
レイナ　：はい、2段です。

Key Word　単語

投げ技	throwing techniques スローウィン テクニックス
寝技	groundwork techniques グラウンドワーク テクニックス
受け	blocks ブロックス
刀	sword スウォード
竹刀	bamboo sword バンブー スウォード
弓道	Japanese archery ジャパニーズ アーチェリー
横綱	Grand champion グランド チャンピオン

こんな体験しました！

- ホストファミリーの家の子が、空手スクールに通っていた。何度か見に行ったが、みんな真剣に練習していた。
- 「日本人はみんな、学校で柔道や空手の練習をするのか？」と聞かれた。

知っとこ！アドバイス

- 今や柔道、空手、剣道、合気道など、日本の武道は世界的に広まり、多くの国の人々に愛好されています。興味を持っている人も大勢いると思うので、簡単な説明ができるようにしておいたほうがいいでしょう。
- たとえば、We practice martial arts to train both our body and mind.（私たちは、体と精神の両方をきたえるために武道を練習しています）、あるいは Martial arts are for self-defense not for attacking people.（武道は護身のためのもので、人を攻撃するためのものではありません）という基本的な説明から始めればよいと思います。

よく使う文例

We have a grading twice a year. （1年に2回、昇段試験があります）

We have a winter special training in January.
（1月には寒稽古があります）

Our sensei (instructor) is very severe.
（私たちの先生は、とても厳しいです）

I enjoy keiko(practice) very much.
（私は稽古［練習］がとても好きです）

日本の文化 *Japanese Culture*

Jim : You have many traditions, don't you?
ユー ヘァヴ メニー トラディシャンズ ドンチュー ↗

Reina : Yes, we do. They are still popular among people.
イエス ウィ ドゥー ゼイ アー スティル パピュラー アマング ピーポー

Jim : Are you young Japanese interested in them?
アー ユー ヤング ジャパニーズ インタレスティッド イン ゼム ↗

Reina : Sure. Many young people are doing something traditional.
ショア メニー ヤング ピーポー アー ドゥーイン サムスィン トラディショナル

Jim : How about you?
ハウ アバウチュー

Reina : I'm learning tea ceremony once a week.
アイム ラーニン ティー セレモニー ワンス ア ウィーク

Jim : That's great!
ザッツ グレイト

Reina : Shall I make tea for you tomorrow?
シャライ メイク ティー フォーユー トゥモロー ↗

Jim : Let's have Japanese tea time!
レッツ ヘァヴ ジャパニーズ ティー タイム

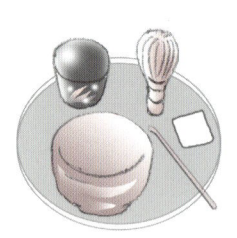

ジ ム ：伝統的なものが、たくさんありますね？
レ イ ナ ：はい、あります。今でも人々の間で人気があります。
ジ ム ：あなた方、若い人たちは興味を持っていますか？
レ イ ナ ：もちろんです。
たくさんの若い人が何か伝統的なことをしています。
ジ ム ：あなたはどうですか？
レ イ ナ ：週に1回、お茶を習っています。
ジ ム ：すばらしい！
レ イ ナ ：明日、お茶を入れてあげましょうか？
ジ ム ：日本茶のティータイムにしよう！

Key Word 単語

茶道	tea ceremony ティー セレモニー	能	Noh play ノー プレイ
華道	flower arrangement フラワー アレンジメント	縁日	fair フェアー
習字	calligraphy カリグラフィー	琴	Japanese harp ジャパニーズ ハープ

[コマ1] Are you doing something traditional? / I'm learning tea ceremony once a week.
[コマ2] That's great! Let's have Japanese tea time! OK
[コマ3] 正座 ツラそう…。

聞いとこ！こんな体験しました！

- 日本人は、会うと何回おじぎをするのかと聞かれた。
- ホストファミリーは「歌舞伎はきれいだ」と言っていた。
- お花を習っていると言ったら「生けてほしい」と言われたので、花を買ってきて生けてあげた。

知っとこ！アドバイス

- 日本の文化にはユニークなものが多く、世界の国々で興味を持たれています。ですから、何か日本的なものを身につけていたら、それだけで人気者になることは間違いありません。
- お茶、お花、日本舞踊などを少しでも稽古したことがあるのなら、見せてあげるのもホームステイを実りあるものにするひとつの方法です。I'll make tea for you.（お茶を入れてあげます）、Let me arrange flowers in a vase.（花瓶にお花を生けさせてください）、I'll show you a Japanese dance.（日本の踊りを見せてあげます）など、ほんのちょっとした勇気を出せばいいのです。

よく使う文例

Are you interested in Japanese culture?
アー ユー インタレスティッド イン ジャパニーズ カルチャー♪
（あなたは日本の文化に興味がありますか？）

Kabuki is performed only by male actors.
カブキ イズ パフォームド オンリー バイ メイル アクターズ
（歌舞伎は男の俳優だけで演じられます）

We carry portable shrines on festival day.
ウィ キャリー ポータボー シュラインズ オン フェスティヴァル デイ
（お祭りでおみこしをかつぎます）

We bow instead of shaking hands.
ウィ バウ インステッド アヴ シェイキン ハンズ
（私たちは、握手をする代わりにおじぎをします）

日本をよく知ってもらう

日本の歴史 — *Japanese History*

Jane: Japan has a long history, doesn't it?
ジャパン ハザ ロング ヒストリー ダズンニッ↗

Reina: Yes, its does.
イエス イッ ダズ

We started rice farming in the Yayoi period.
ウィ スターティッド ライス ファーミン イン ザ ヤヨイ ピリアッド

Jane: When was the Yayoi period?
ウェン ウォズ ザ ヤヨイ ピリアッド

Reina: It was from about the third century B.C. to the
イットォズ フラム アバウト ザ サード センチュリー ビースィー トゥー ザ

third century A.D.
サード センチュリー エイディー

Jane: Oh, my god! It's very very old!
オー マイ ガッ イッツ ヴェリー ヴェリー オールド

Reina: The samurai ruled Japan for about 700 years
ザ サムライ ルールド ジャパン フォー アバウト セヴンハンドレッド イヤーズ

until 1868.
アンティル エイティーンスィクスティエイ

Jane: Oh, I see. I saw the movie, "The last samurai."
オー アイスィー アイソー ザ ムーヴィ ザ ラースト サムライ

ジェイン：日本は長い歴史を持っていますね？
レ イ ナ：はい。稲作は弥生時代に始まりました。
ジェイン：弥生時代というのは何ですか？
レ イ ナ：紀元前3世紀ごろから3世紀ごろまでです。
ジェイン：なるほど！　とても古いですね！
レ イ ナ：サムライは1868年まで、700年間日本を支配してきました。
ジェイン：なるほど。私は、『ラスト・サムライ』(映画)を見ました。

大名	feudal lord (フューダル ロード)		宮廷	the Court (ザ コートゥ)
将軍	shogun (ショーグン)	**Key Word 単語**	時代	period/ era (ピリアッド エラ)
家来	men (メン)		封建時代	feudal period (フューダル ピリアッド)
天皇	emperor (エンペラー)		寺	temple (テンポー)

> I saw the movie "The last samurai"
>
> Me too.
>
> Ken Watanabe is so good.
>
> Tom Cruise is the best!

聞いとこ！こんな体験しました！

- 映画などでよく知られているらしく、侍のことを聞かれたがよく説明できなくて残念だった。
- ホストファミリーは思っていたより日本のことを知っていた。日本についていろいろ聞かれたがあまりよく答えられなかった。もっとよく歴史を勉強しておけばよかった。

知っとこ！アドバイス

- 日本の歴史を説明するといっても、長いのでいろいろと説明するのは大変です。そこで、Commodore Perry from America visited Japan in 1853.（アメリカのペリー提督が1853年に日本を訪れました）、あるいは、Buddhism was introduced into Japan in 538.（仏教は、538年に日本に紹介されました）などという外国との関わりを中心に説明するとよいでしょう。
- Tokyo became the capital of Japan in 1868.（東京は1868年に日本の首都になりました）など、今の話題から入るのもひとつの方法です。また、京都はよく知られているのでKyoto was the capital of Japan for more than one thousand years.（京都は1000年以上もの間日本の首都でした）などの言い方も覚えておくとよいでしょう。

よく使う文例

Kinkakuji in Kyoto is a golden temple.
（京都の金閣寺は黄金の寺です）

Japanese sword can cut a bullet in two.
（日本刀は、飛んでくるピストルの弾を切ることができます）

It is said that people have been living in Japan for more than 10000 years.
（日本には、1万年以上も人が住んでいると言われています）

日本をよく知ってもらう

食事のマナー　　　*Table Manners*

Reina : We use chopsticks when we eat in Japan.
Jane : I know that. It looks very difficult for us.
Reina : No, it's easy. What should I be careful of for good table manners here?
Jane : Just relax and enjoy the dinner.
Reina : We shouldn't make noise when we eat soup.
Jane : That's true.
Reina : That's a difficult part for me. Because in Japan we can make a sound eating hot miso-soup, for example.
Maggie : Well, "When in Rome, do as the Romans do."

レイナ ： 日本では、食べるときにはしを使います。
ジェイン ： 知っています。私たちには難しそうです。
レイナ ： いいえ、簡単ですよ。ここでは、よいマナーで食べるには、どんなことに注意すればいいのですか？
ジェイン ： リラックスしてディナーを楽しんでください。
レイナ ： スープを飲むときに音を立ててはいけないのですね。
ジェイン ： そうです。
レイナ ： それが、私には難しいのです。日本では、熱いみそ汁を飲むとき音を立ててもいいのですから。
マギー ： そうね、"郷に入れば、郷に従え" だわね。

Key Word 単語

げっぷ	belch	間違えて	by mistake
鼻をかむ	blow my nose	落とす	drop
よいマナー	good manners		

聞いとこ！ こんな体験しました！

- 食事のマナーでは、とくに困らなかった。
- 楽しく話しながら食事をすると、ホントにおいしいということがわかった。
- とにかく量が多いのにはびっくりした。だいたいいつも食べきれなかった

知っとこ！ アドバイス

- 食事のマナーは、何も難しいものはありません。次の３つです。まず、ナイフやフォークがたくさん出てきたら、外側から順に使っていきます。そして、レストランで、もし、あやまって床にスプーンなどを落としても、自分で拾ってはいけません。I need a spoon.（スプーンを持って来てください）とウェイターに言えばよいのです。
- 次に、スープを飲むときはなるべく音を立てないこと。手首の力を抜いて流し込むようにすると音は出ません。
- 最後がげっぷです。これは欧米では厳禁。でも、もし出てしまったらしかたありません。すぐにExcuse me.と言ってください。
- "When in Rome, do as the Romans do."とは、「よその国に行ったら、その国の人たちがするようにしていれば問題はない」という意味のことわざです。

楽しく食事をするために

よく使う文例

I spilled milk. （ミルクをこぼしました）

I need something to wipe with. （何か拭くものはありますか？）

Behave yourself. （[ママが子どもに] お行儀よくしなさい）

Oops! （しまった！ [ごめんなさい]）

食前と食後のあいさつ　*Mealtime*

Jane: Dinner is ready! Everybody, come to the table!
Reina: OK, I'm coming!
Jim: Ummm. It smells nice!
Reina: Where should I sit?
Jane: Would you sit here, Reina?
Reina: Sure. Thank you!
Jim: Well, shall we start eating?
Maggie: Please help yourself, Reina.
Reina: I love spaghetti. It's my favorite.
Jane: I'm glad to hear that. Please enjoy.

ジェイン：夕食の用意ができましたよ。全員、テーブルに来てください！
レ イ ナ：わかりました、今、行きます！
ジ　　ム：ウ〜ン。いいにおいだね！
レ イ ナ：どこに座ればいいですか？
ジェイン：ここに座ってくれない、レイナ？
レ イ ナ：はい、ありがとう！
ジ　　ム：それじゃ、食べ始めようか？
マ ギ ー：自分で取ってね、レイナ。
レ イ ナ：スパゲティ、好きなんです。私の大好物です。
ジェイン：それを聞いてうれしいわ。どうぞ、たくさん食べてね。

Key Word 単語

おいしい	tasty	「おいしそう！」	Looks great!
たくさんのごちそう	big dinner	お祈り	pray
「いいにおい！」	Smells good!	食事	meals

[コマ1] Please help yourself.
[コマ2] I love spaghetti.
[コマ3] Please enjoy. どっさり

聞いとこ！こんな体験しました！

- 食事の前に、ホストマザーが「……、アーメン」と言い、そのあとみんなで「アーメン」と言ってから食べ始めた。
- 特別なお祈りはなく、"さあ食べましょう"というような感じで食事が始まった。
- 日本では、「いただきます」と「ごちそうさま」と言うことを教えてあげた。

知っとこ！アドバイス

- 欧米では、ふつう私たちが言うような「いただきます」「ごちそうさま」のあいさつはありません。食事の前に、お祈りをする家庭もあります。そんな場合は両手をひざの上に置いて、お祈りがすむまでうつむいていればいいのです。
- お祈りをしない場合は、その家の主人が食べ始めたらOKと考えていいでしょう。あるいは、Shall we eat?（食べ始めましょうか？）または、Why don't we start?（食べ始めましょうか？）などと言うかもしれません。
- 食事が終わったら、忘れずに I enjoyed dinner very much.（夕食はとてもおいしかったです）などと言いましょう。

楽しく食事をするために

よく使う文例

We say " Itadaki-masu." to start.
ウィ セイ イタダキ マス トゥー スタートゥ
（私たちは、はじめに「いただきます」と言います）

We say " Gochiso-sama." to finish.
ウィ セイ ゴチソー サマ トゥーフィニッシュ
（私たちは、終わったら「ごちそうさま」と言います）

I'm afraid I can't eat it all. （全部食べきれないかもしれません）
アイム アフレイド アイ キャーント イーティッオール

May I leave the dish unfinished? （料理を残してもいいですか？）
メイ アイ リーヴ ザ ディッシュ アンフィニッシュトゥ↗

朝の食事　*Breakfast*

Jane: Good morning!
グッ　　モーニン

Would you like to have breakfast now?
ウッジュー　ライク トゥー ヘァヴ　ブレックファースト　ナウ

Reina: Yes, please. May I help you?
イエス　プリーズ　メイ アイ ヘルプ ユー

Jane: Please open the fridge and get some eggs for me.
プリーズ　オープン　ザ　フリッジ　アン　ゲッ　サム　エッグス フォー ミー

Reina: Anything else?
エニスィン　エルス

Jane: Would you switch the toaster on?
ウッジュー　スイッチ　ザ　トースター　オン

Reina: How many slices of toast do we need?
ハウ　メニー　スライスィズ アヴ トースト ゥ ドゥー ウィ　ニードゥ

Jane: Six, please. How would you like your eggs?
スィックス プリーズ　ハウ　ウッジュー　ライク　ヨア　エッグズ

Reina: I'd like them over easy, please.
アイド ライク　ゼム　オーヴァー イーズィ　プリーズ

ジェイン：おはよう！ 今、朝食を食べますか？
レイナ　：はい、お願いします。お手伝いしましょうか？
ジェイン：冷蔵庫を開けて、卵を取ってくれない？
レイナ　：ほかには何かありますか？
ジェイン：トースターのスイッチを入れてください。
レイナ　：トーストは何枚必要ですか？
ジェイン：6枚お願いします。卵はどうしますか？
レイナ　：私は両面焼きでお願いします。

Key Word 単語

いり卵	scrambled egg　スクランブルドゥ エッグ
目玉焼き	sunny side up　サニー サイダップ
両面焼き	over easy　オーヴァー イーズィー
おかゆ	porridge　パリッジ
ベーグル	bagel　ベイゴー
ホットケーキ	pancake　パンケイク

> Good morning!
>
> May I help you?
>
> Oh, thank you. Get some eggs for me.
>
> ? ? ?
>
> Eggs...

聞いとこ！こんな体験しました！

- 朝は1人ひとり別々に食べることがあった。そんなときはシリアルにミルクをかけて食べたりした。
- 遅いときは、ブランチでフルーツとマフィンやパンケーキを食べた。
- 朝食はフルーツがメインでパンとオレンジジュース、スクランブルエッグなどもあった。

知っとこ！アドバイス

- 日本でもそうですが、朝食はさまざまです。なかには、朝食を食べないというところもあるかもしれないので、Do you eat breakfast?（朝食は食べますか？）と確かめておくと安心です。
- もし、朝食が各自に任されているような場合には、May I fix myself breakfast?（自分で朝食を作ってもいいですか？）、そして、May I have something in the fridge?（冷蔵庫の中のものを食べてもいいですか？）などと聞いておきましょう。遠慮して黙っていると、朝食抜きということにもなりかねません。
- 様子がわからないときは、What time do we have breakfast?（朝食は何時ですか？）と聞いて、確認しておくと安心です。

よく使う文例

Would you pass me the butter?
（バターを取ってくれませんか？）

I don't need breakfast tomorrow. （明日の朝食はいりません）

May I have another cup of coffee?
（もう1杯コーヒーをいただけますか？）

I'd like to have some cereal. （シリアルが食べたいのですが）

楽しく食事をするために

夜の食事　　　*Dinner*

Jane: Reina, would you call Jim and Maggie?
Dinner is ready.

Reina: Sure.

Jim: Good evening, Reina.
Did you have a good time today?

Reina: Jane and Maggie took me to the mall.

Jim: Did you find something good?

Reina: Yes, I did. I bought a nice bracelet.

Jim: What are you going to do tomorrow?

Reina: I don't know yet.

ジェイン：レイナ、ジムとマギーを呼んでくれない？
　　　　　夕食ができたから。
レ イ ナ：わかりました。
ジ　　ム：こんばんは、レイナ。今日は楽しかったかい？
レ イ ナ：ジェインとマギーが、モールに連れて行ってくれました。
ジ　　ム：何かいいものが見つかった？
レ イ ナ：はい。ステキなブレスレットを買いました。
ジ　　ム：明日は何をするつもりだい？
レ イ ナ：まだわかりません。

Key Word 単語

おかわり	second helping
出かける	go out
観光	sightseeing
訪問する	visit
天気	weather
予定	plans

コマ1: Did you have a good time today?

コマ2: Jane and Maggie took me to the mall.

コマ3: Did you find something good? / Yes, I did. I bought a nice bracelet.

こんな体験しました！

- 夜の食事は外食が多くて楽しかったけど、毎回量がすごいので大変だった。食べきれないこともあった。
- 夕食を庭で食べることもあって、まるでピクニックに行ってるようでみんなではしゃいだ。
- 夕食はハンバーガー、ピザ、タコスなどが多かった。

知っとこ！アドバイス

- いつでもそうですが、食事は楽しく話をしながら食べるのが基本です。とくに夜の食事は、その日にあったことをみんなで語り合う大切なコミュニケーションの場なのです。だからといって、そんなに難しいことを話す必要はありません。What did you do today?（今日は何をしたのですか？）とたずねて、それに対して I had a very good time today.（今日は楽しかったです）と答える、そんな会話でいいのです。
- 自分から翌日の予定を言う場合には、I'd like to～（～したいと思います）を使います。I'd like to go shopping tomorrow.（明日は買い物に行きたいと思っています）あるいは、I'd like to send a picture postcard to my family.（家族に絵はがきを送るつもりです）などと言うこともできます。

楽しく食事をするために

よく使う文例

I stayed home all day.（今日は1日家にいました）

How was your day?（今日はどうしていましたか？）

I hope it'll be nice tomorrow.（明日、晴れるといいのですが）

What's your plan for tomorrow?（明日は何をするつもりですか？）

食卓での会話
Conversation at the Table

Jane : Help yourself to the dish, everyone.
Jim : Would you like some mustard?
Reina : No, thank you. Would you pass me the salt?
Jim : Sure. Here you are.
Maggie : Do you play some sports, Reina?
Reina : I like swimming. What kind of sports do you like?
Maggie : Well, playing tennis, golf. Would you like to play golf?
Reina : I've never tried it.
Maggie : All right. Let's go play golf this weekend.

ジェイン：自分で取って食べてくださいね。
ジ ム：マスタード、いりますか？
レイナ：いりません。塩を取ってくれますか？
ジ ム：はい。どうぞ。
マギー：レイナは何かスポーツをやっていますか？
レイナ：私は水泳が好きです。
　　　　あなたはどんなスポーツが好きですか？
マギー：そうねえ、テニスやゴルフをします。ゴルフをしてみたい？
レイナ：やったことありません。
マギー：わかったわ。今週末にゴルフに行きましょう。

Key Word 単語

天気予報	weather forecast	買い物	shopping
テレビ番組	TV program	昼寝	afternoon nap
散歩	walk	掃除	cleaning

> Let's go play golf this weekend.
>
> It looks like rain this weekend.
>
> Reina, what are you doing?
>
> teru teru boozu

聞いとこ！ こんな体験しました！

- 食事のときは必ず、その日どのようにすごしたかを聞かれた。最初はなかなかうまく言えなかったけれど、できるだけ積極的に話すようにした。
- "食事のときに話すことを前もって考えて、紙に書いておくといい"と言われていたのでやってみたら、うまくいった。
- 私が話し出すと、ファミリー全員でよく聞いてくれた。「英語がうまくなった」と言ってくれたのでうれしかった。

知っとこ！ アドバイス

- 食卓での話題は、あまり難しく考える必要はありません。ただし、お互いの主張の異なる政治や宗教の話はさけたほうがいいでしょう。
- いちばん無理なく入っていけるのは、なんといってもお天気を話題にすることです。How's the weather tomorrow?（明日のお天気はどうですか？）に始まって、Do you have much snow in winter?（冬は雪がたくさん降るのですか？）、あるいは、In Japan, it's very hot and wet in summer.（日本では、夏は蒸し暑いのです）などと教えてあげるのもいいと思います。

よく使う文例

Is this seasoning hot?（この調味料は辛いですか？）

It looks like rain, doesn't it?（雨が降りそうですね？）

It was very hot today.（今日はとても暑かったです）

I spilt orange juice.（オレンジジュースをこぼしてしまいました）

Do you have anything to wipe with?
（何か拭くものはありませんか？）

楽しく食事をするために

おなかがいっぱいです！ *I'm so full.*

Jane : Would you like to have another helping?
ウッジュー　ライクトゥー　ヘァヴ　　アナザー　　ヘルピン↗

Reina : I don't think so. I'm so full.
アイ ドン　スィンク ソー　アイム ソー フル

Jane : Really?
リィーリィー↗

Reina : It's so tasty, but I can't eat any more.
イッツ ソー テイスティ　バライ キャーント イートゥ エニー モア

Jane : That's all right. You don't have to finish it.
ザッツ　オー ライ　ユー ドン　ヘァフタ　フィニッシュイッ

Reina : I enjoyed the dinner very much.
アイ エンジョイドゥ ザ　ディナー　ヴェリー　マッチ

Jane : I hope you have space for dessert.
アイ ホープ ユー　ヘァヴ　スペイス フォー ディザートゥ

Reina : Dessert? Of course I do. I have another stomach.
ディザートゥ↗ アヴ　コース アイドゥー アイ ヘァヴ　アナザー　　スタマック

Jane : That's good! We have vanilla ice cream.
ザッツ　グッ　ウィ ヘァヴ　ヴァニラ アイス クリーム

Reina : That sounds great!
ザッ　サウンズ　グレイト

ジェイン：お代わりはいかが？
レ イ ナ：ちょっと無理みたいです。おなかがいっぱいです。
ジェイン：本当ですか？
レ イ ナ：とてもおいしいのですが、もうこれ以上食べられません。
ジェイン：わかりました。料理は残してもいいですよ。
レ イ ナ：とてもおいしい夕食でした。
ジェイン：デザート、おなかに入るといいけど。
レ イ ナ：デザート？　もちろん入ります。もう1つ、胃があるんです。
ジェイン：それはよかったわ！　バニラアイスクリームがあるのよ。
レ イ ナ：やったあ！

Key Word 単語

食べすぎ	eat too much イートゥ トゥー マッチ
残ったもの	leftover レフトオーヴァー
おなか	stomach スタマック
食後の休み	rest after meals レスト アフター ミールズ
「いりません」	No thank you. ノー サンキュー
食べるのが遅い	slow eater スロー イーター

(コマ1) I hope you have space for dessert.
(コマ2) Of course! That's good!
(コマ3) デザートは別腹！

聞いとこ！こんな体験しました！

- 「おなかがいっぱいです」と言っても料理をすすめられたので、無理して食べた。
- おなかがいっぱいで食べきれなかったのに、おいしくないから食べないのだと思われてしまった。あとで、一生懸命説明して納得してもらった。
- 食べきれず、何度か Sorry. と言って残した。

知っとこ！アドバイス

- おなかがいっぱいになったのに、How about some more spaghetti?（スパゲティをもう少し食べませんか？）などとすすめられたら、I'm so full.（おなかがいっぱいです）そして、I'm afraid I can't eat any more.（もう食べられません）と言って断ってもかまいません。
- 2〜3日の短い滞在ではないのですから、無理をして食べていたら体をこわしてしまいます。それに、食べるかどうかを聞いているだけなので、答えはイエスでもノーでもいいのです。こういうところも日本とは違うところなので、覚えておいてください。どんな場合も、遠慮や無理はしないことです。

楽しく食事をするために

よく使う文例

I'm a small eater.（私は小食なのです）
アイム ア スモール イーター

I'm full and very comfortable now.
アイム フル アン ヴェリー カンフォタボー ナウ
（おなかがいっぱいで気持ちがいいです）

Sorry I can't finish the dish.（全部は食べられそうにありません）
ソーリー アイキャーント フィニッシュ ザ ディッシュ

I think I can eat a little more.（もう少し食べられそうです）
アイ スィンク アイ キャン イータ リル モア

嫌いなものが出てきたら *I don't like it.*

Jane : Why don't you try this? I think you'll like it.
ウワイ　ドンチュー　トライディス　アイ スィンク　ユール　ライキッ

Reina : No, thank you.
ノー　　サンキュー

Jane : You don't like mutton?
ユー　ドン　ライク　マトン↗

Reina : No, I don't.
ノー　アイ　ドン

Jane : Oh, I'm sorry. I didn't know that.
オー　アイム　ソーリー　アイ ディドゥン　ノー　　ザッ

Reina : I should have told you about that. I'm sorry.
アイ　シュドゥ　ヘァヴ　トールジュー　アバウト　ザッ　アイム ソーリー

Jane : Then, how about oysters?
ゼン　ハウ　アバウト　オイスターズ

Reina : I love oysters. Thank you.
アイ ラヴ　オイスターズ　　サンキュー

ジェイン：これを食べてみたら？　気に入ると思うけど。
レ イ ナ：いいえ、結構です。
ジェイン：マトンは好きじゃないんですか？
レ イ ナ：はい、好きではありません。
ジェイン：ごめんなさいね。知らなかったものだから。
レ イ ナ：言っておけばよかったですね。ごめんなさい。
ジェイン：それじゃ、カキはどうですか？
レ イ ナ：カキは大好きです。ありがとう。

Key Word 単語

嫌い	**don't like** ドン　ライク	嫌いなものはない	**I can eat anything.** アイ キャン イートゥ　エニスィン
大嫌い	**hate** ヘイトゥ	ピーマン	**green pepper** グリーン　ペッパー
～以外は	**except~** イクセプトゥ	なす	**eggplant** エッグプラント

コマ1: Why don't you try this?
コマ2: ? 言いたくないな…
コマ3: I don't like mutton. Oh, I'm sorry.

聞いとこ！こんな体験しました！

- ホームステイのはじめに、嫌いなものを言っておいたので出てくることはなかった。
- タマネギが嫌いで、最初に出てきたときに思い切って"好きじゃないんです"と言った。
- アーティチョークという野菜を、ボイルして皮の下の部分だけ食べることに驚いた。はじめてだったが、思い切って食べたらおいしかった。これを入れたスープはとってもおいしかった。

知っとこ！アドバイス

- 日本では、よその家に行って出た料理を、嫌いなので食べられませんとは言いにくいものです。でも、アメリカなどでは、好き嫌いをはっきりさせることは別に悪いことではないので、I'm sorry I can't eat this dish.（この料理は食べられません）、あるいは、I don't like carrots.（ニンジンは好きではありません）と言っても大丈夫です。
  アイム ソーリー アイキャーント イートゥ ディス ディッシュ
  アイ ドン ライク キャロッツ
- アレルギーがある場合は、前もってI'm allergic to eggs.（卵にアレルギーがあります）などと伝えておいたほうがいいでしょう。大嫌いという場合には、I hate onions.（タマネギは大嫌いなんです）と言います。
  アイム アラージック トゥー エッグス
  アイ ヘイトゥ アニアンズ

楽しく食事をするために

よく使う文例

I wish I could eat it.（食べられたらいいんですけど）
アイウィッシュ アイ クッド イーティッ

I've never tried this before.（これは食べたことがありません）
アイヴ ネヴァー トライドゥ ディス ビフォー

I can eat almost anything except onions.
アイ キャン イートゥ オールモスト エニスィン イクセプト アニアンズ
（タマネギ以外は、ほとんどなんでも食べられます）

料理をほめる   *Complimenting the Chef*

Reina : **Wow! Smells good! It made my mouth water.**
Jane : **Try some, Reina.**
Reina : **This is good!**
Jane : **Do you like it?**
Reina : **I've never had such delicious spaghetti.**
Jane : **It's a Jane's Special.**
Reina : **You're an excellent cook, Jane.**
Jane : **Thank you for the compliment.**
Reina : **Would you give me the recipe later?**
Jane : **My pleasure.**

レイナ ：うわ〜！ いいにおい！ よだれが出そうです。
ジェイン：ちょっと食べてみて、レイナ。
レイナ ：おいしいっ！
ジェイン：気に入りましたか？
レイナ ：こんなにおいしいスパゲティは食べたことがありません。
ジェイン：ジェインズ・スペシャルよ。
レイナ ：ジェインは腕のいい料理人ですね。
ジェイン：ほめてくれてありがとう。
レイナ ：あとで作り方を教えてくださいね。
ジェイン：よろこんで。

Key Word 単語

準備	preparation
調味料	seasoning
料理	dish
ほめる	praise
お世辞	compliment
料理長	chef

聞いとこ！こんな体験しました！

- 料理がおいしくても、いつほめたらよいのかわからなかったので「おいしい？」と聞かれたら元気よく Very good! と言った。
- おいしかったので、どうやって作るのかを聞いたら紙に書いて教えてくれた。

知っとこ！アドバイス

- 料理をほめるのは、食べる前から始まるのです。作っているときに It looks great!（おいしそう！）、または I get excited!（ワクワクしてきました！）などと言うといいでしょう。
- だれでも、自分の作った料理がおいしいと言われればうれしいものです。だから、おいしいなと思ったら、すぐ This is good!（これはおいしい！）と言ってあげることです。
- Where did you learn to cook so well?（どこでこんなに上手に料理することを学んだのですか？）、それから、Would you write down the recipe for me?（作り方を書いてくれませんか？）と聞くのもよいでしょう。その場合には、boil（ゆでる）、bake（焼く）、broil（あぶり焼きにする）、saute（いためる）、stuff（詰め物をする）という単語が役に立ちます。

よく使う文例

This is the best stew I've ever had.
（今までに食べたなかで、いちばんおいしいシチューです）

Can I have some more?（もう少しいただけますか？）

I can't resist this gratin.
（このグラタンはおいしいので、どうしても食べてしまいます）

How do you cook this soup?（このスープはどうやって作るのですか？）

楽しく食事をするために

楽しみなデザート　　*Desserts*

Maggie: **Shall we have some dessert now?**
シャル　ウィ　ヘァヴ　サム　ディザートゥ　ナウ

Reina: **Whew! I'm so full!**
フュー　アイム　ソー　フル

Maggie: **Would you like some tea or coffee?**
ウッジュー　ライク　サム　ティー オア　カフィー

Reina: **Tea, please.**
ティー　プリーズ

Jane: **This is homemade apple pie.**
ディス イズ　ホームメイド　アポー　パイ

Reina: **It's very large. I'm afraid I can't finish it.**
イッツ ヴェリー　ラージ　アイム　アフレイド アイ キャーント フィニッシュッ

Jane: **Don't worry. Just have a bite.**
ドン　ウォリー　ジャスト　ヘァヴァ　バイトゥ

Reina: **Oh, my gosh! It's very good!**
オー　マイ　ガッシュ　イッツ ヴェリー　グッ

マギー：そろそろデザートにしましょうか？
レイナ：うわぁ！　おなかがいっぱいです。
マギー：紅茶とコーヒー、どちらがいいですか？
レイナ：紅茶をお願いします。
ジェイン：これは手作りのアップルパイです。
レイナ：大きいですね。全部は食べられないかもしれません。
ジェイン：心配しないで。ちょっとかじってみてください。
レイナ：まぁ、本当においしいです！

Key Word 単語

デザート	**dessert**(ディザート) ディザートゥ
砂漠	**desert**(デザット) デザットゥ
アイスクリーム中毒	**ice-creamaholic** アイス　クリーマホリック
アイスクリームをのせた	**a la mode** ア ラ　モード
プリン	**custard pudding** カスタードゥ　プディン
シュークリーム	**cream puff** クリーム　パフ

> I'm afraid I can't finish it.
>
> Don't worry. Just have a bite.
>
> Oh, my gosh! It's very good. I can finish it.

聞いとこ！ こんな体験しました！

- 食後に、必ずアイスクリームが出たので楽しみだった。
- ケーキはとても大きいけれど、日本のケーキのほうがおいしいと思った。
- コーヒーを飲むときに、砂糖とクリームを入れてもあとからどんどん注ぎ足していくのはなぜなんだろうと思った。味が変わっちゃうのでは？

知っとこ！ アドバイス

- 食事のあとはコーヒーという場合が多いのですが、How would you like your coffee?（コーヒーはどのようにしますか？）とたずねられた場合は、With cream and sugar, please.（クリームと砂糖を入れてください）などと言います。また、何も入れないというときは、I'd like my coffee black.（ブラックでお願いします）と言ってください。
- 紅茶の場合、ミルクティーは、tea with milk、レモンティーは tea with lemonと言います。
- お茶の時間のことを、アメリカでは coffee break、イギリスでは tea timeと言うことも覚えておきましょう。

楽しく食事をするために

よく使う文例

Let's have a coffee break.（お茶の時間にしましょう）
レッツ　ヘァヴァ　カフィー　ブレイク

What's this dessert?（このデザートは何ですか？）
ウワッツ　ディス　ディザートゥ

Is this homemade?（これは家で作ったのですか？）
イズ　ディス　ホウムメイドゥ

May I have a double scoop of vanilla and chocolate?
メイ　アイ　ヘァヴァ　ダボー　スクープ　アヴ　ヴァニラ　アン　チャカリッ
（バニラとチョコレートのダブルコーンでください）

食事のしたくを手伝う *Helping with Meals*

Reina: Jane, let me help you cook.
ジェイン レッミー ヘルプ ユー クック

Jane: You're so sweet, Reina.
ユーア ソー スウィートゥ レイナ

Reina: Tell me what I should do.
テルミー ウワッタイ シュドゥ ドゥー

Jane: Would you mix the minced beef?
ウッジュー ミックス ザ ミンストゥ ビーフ ↗

Reina: With my hands?
ウィズ マイ ヘァンズ ↗

Jane: Yes, please. I'll put some spices in it.
イエス プリーズ アイル プッ サム スパイスィズ イニッ

Reina: You must be cooking hamburgers.
ユー マストビー クッキン ハンバーガーズ

Jane: You're right.
ユーア ライ

レイナ ：ジェイン、料理の手伝いをさせてください。
ジェイン：やさしいのね、レイナは。
レイナ ：何をしたらいいか、言ってください。
ジェイン：それじゃ、ひき肉を混ぜてくれますか？
レイナ ：手でですか？
ジェイン：はい、お願い。私が上に調味料をかけます。
レイナ ：ハンバーガーを作るのですね。
ジェイン：そのとおり。

Key Word 単語

料理用レンジ	stove ストゥヴ
料理の材料	ingredients イングリーディエンツ
皮をむく	peel ピール
解凍する	defrost ディフロストゥ
盛りつける	dish up ディッシュ アップ
強火	high heat ハイ ヒートゥ
中火	medium heat ミィディアム ヒートゥ
弱火	low heat ロウ ヒートゥ

聞いとこ！ こんな体験しました！

- 料理は苦手なので、テーブルセッティングを手伝った。子どもたちといっしょにやったので、楽しかった。
- 「手伝わなくてもいい」と言われてそのままになってしまった。もっとお手伝いしたかった。
- 自分の家ではあまり手伝いをしないけれど、がんばった。

知っとこ！ アドバイス

- May I help you?（お手伝いしましょうか？）と言って気軽に声をかけましょう。あるいは、Let me help you set the table.（食器をならべるのを手伝います）と具体的に言ってもいいでしょう。そして、それが終わったら Is this all right?（これでいいですか？）と確認してください。
- もっと手伝いがしたければ、What shall I do next?（次は何をすればよいのでしょうか？）とたずねれば、きっと喜ばれます。もちろん、うまく聞き取れなければ、すぐPardon?（もう一度言ってください）と言ってください。
- 食事のしたくを手伝ったら、頼まれたことが終わったときに、必ず Is this all right?（これでいいですか？）と言って確認しましょう。

よく使う文例

Is there anything I can help you with?
（何かお手伝いできることはありますか？）

Is this enough?（これで十分ですか？）

What should I do with this?（これはどうすればいいですか？）

Please tell me when to stop.
（いつやめればいいのか言ってください）

食事のあと片づけを手伝う *Clearing the table*

Reina: May I help you clear the table?
Jane: Thank you, Reina.
Reina: What should I do?
Jane: Well, would you help wash the dishes?
Reina: Sure. Where's the detergent?
Jane: It's over there. Put the dishes in the dishwasher.
Reina: Dishwasher? I've never used one.
Jim: I'll show you how to use it.
Reina: What should I do with the leftovers?
Jim: Some go in the fridge and some in the garbage disposer.

レイナ：テーブルを片づけるのを手伝ってもいいですか？
ジェイン：お願いするわ、レイナ。
レイナ：何をしたらいいですか？
ジェイン：そうねえ、お皿を洗うのを手伝ってもらおうかしら？
レイナ：わかりました。洗剤はどこですか？
ジェイン：そこにあります。皿洗い機にお皿を入れてください。
レイナ：皿洗い機ですか？ 使ったことがありません。
ジム：使い方を教えてあげます。
レイナ：残り物は、どうしたらいいですか？
ジム：冷蔵庫に入れたり、後はゴミ処理機に入れるんだよ。

Key Word 単語

片づける	clear
食器棚	cupboard
入れる	put in
捨てる	throw away
まな板	cutting board
ふきん	dishcloth

聞いとこ！こんな体験しました！

- 食事のしたくもあと片づけも、ホストファザーがいつも手伝うのでびっくりした。
- 大きな皿洗い機で洗うことを教えてもらった。主婦になったようでおもしろかった。

知っとこ！アドバイス

- アメリカなどでは、実によく男性が食事の手伝いをします。奥さんが料理を作ればご主人があと片づけをし、逆にご主人が料理を作って奥さんがあと片づけをする。そんなことは、珍しくないようです。Everybody joins in to do chores around the house.（みんなが家事に参加します）ということです。
- あなたも、食事のあと片づけなどを通じて積極的に家事に参加しましょう。ただし、皿洗い機やゴミ処理機などは危険な場合もあるので、使い方をよく聞くことが大切です。
- もし、うっかりお皿などを割ってしまったら、まず I'm sorry. I broke a dish.（すみません、お皿を割ってしまいました）と報告します。お皿程度では弁償ということにはならないと思いますが、気になるときは Shall I pay for it?（弁償しましょうか？）と聞いてみることです。

よく使う文例

Where should I put these?（これらはどこに置きましょうか？）

Let me help you with the dishes.（お皿を片づけるのを手伝います）

Do you have something to wipe with?
（何か拭くものはありませんか？）

Anything else？（ほかに何か手伝うことはありますか？）

自分で作って食べる

Cooking your own food

Reina: May I fix myself breakfast tomorrow?

Jane: Sure you can.

Reina: May I use the eggs and bacon in the fridge?

Jane: Of course. You can take anything you need out of the fridge.

Reina: Thank you so much. Do you have some marmalade?

Jane: Oh, my gosh! We've run out.

Reina: That's all right. I'll go to the supermarket this afternoon and get some.

Jane: Well, please do so.

レ イ ナ：明日、自分で朝食を作ってもいいですか？
ジェイン：もちろん、いいですよ。
レ イ ナ：冷蔵庫の卵とベーコンを使ってもいいですか？
ジェイン：いいですよ。冷蔵庫から必要なものはなんでも使っていいんですよ。
レ イ ナ：ありがとうございます。マーマレードはありますか？
ジェイン：あらあら！ マーマレード、切らしてるわ。
レ イ ナ：大丈夫です。今日の午後、スーパーマーケットへ行って買ってきます。
ジェイン：それじゃあ、そうしてくださいね。

Key Word 単語

ホットケーキ	pancake
好物	favorite
お弁当	box lunch
〜がない	run out
成功	success
失敗	failure

聞いとこ！こんな体験しました！

- 自分で作って食べてもいいと言われたので、カンタンな玉子焼きなどを作って食べた。本当にホームステイしている感じがして楽しかった。
- スーパーマーケットに行ったら、日本のカップヌードルが売っていたのでうれしくなって買って、自分で作って食べた。

知っとこ！アドバイス

- スーパーに行って材料を手に入れて、自分の食べたいものを料理してみるのも楽しいと思います。その場合には、キッチンの電気製品などを使うことになるので、I'd like to fix my breakfast tomorrow.（明日、自分で朝食を作りたいのですが）と言ってから、May I use the microwave oven?（電子レンジを使ってもいいですか？）などと聞いておいたほうがよいでしょう。
- 冷蔵庫にあるものを使う場合には、May I have some bacon in the refrigerator?（冷蔵庫の中のベーコンを使ってもいいですか？）とたずねてからにしましょう。

楽しく食事をするために

よく使う文例

I'm going to cook fried eggs.（目玉焼きを作るつもりです）
アイム　ゴーイン　トゥー　クック　フライドゥ　エッグズ

I'd like to fix a snack.（おやつを作りたいのですが）
アイド　ライク　トゥー　フィックス　ア　スナック

May I keep some ice cream in the fridge?
メイ　アイ　キープ　サム　アイス　クリーム　イン　ザ　フリッジ
（冷蔵庫にアイスクリームを入れておいていいですか？）

My mother usually cooks breakfast for me.
マイ　マザー　ユージュアリィ　クックス　ブレックファースト　フォー　ミー
（いつも、母が私のために朝食を作ってくれます）

日本料理を作ってあげる *Cooking Japanese Food*

Reina: I'd like to cook some Japanese food for you today.
アイドライクトゥークック　サム　ジャパニーズ　フード フォー ユー　トゥデイ

Maggie: That's great!
ザッツ　グレイト

Jane: What are you going to cook?
ウワッター　ユー　ゴーイン　トゥ　クック

Reina: I'll cook "Niku-jaga".
アイル クック　ニク　ジャガ

Maggie: What's that?
ウワッツ　ザッ

Reina: You'll see this evening.
ユール　スィー　ディス　イーヴニン

Maggie: What do you need to cook that food?
ウワッ ドゥー ユー　ニードゥトゥー クック　ザッ　フード

Reina: The ingredients are beef, potatoes, carrots and onions.
ズィ　イングリーディエンツ　アー　ビーフ　ポテイトーズ　キャラッツ　アン　アニアンズ

Can we get soy sauce and sake here?
キャン ウィ ゲッ ソイ　ソース　アン　サケ　ヒヤー↗

Maggie: I think so. Let's go find out!
アイ スィンク ソー　レッツ　ゴー　ファインダウ

レ イ ナ：今日はみなさんに日本の料理を作ってあげたいのですが。
マ ギ ー：すばらしいわ！
ジェイン：何を料理するのですか？
レ イ ナ：肉じゃがを作ろうと思います。
マ ギ ー：それは何ですか？
レ イ ナ：今夜、わかりますよ。
マ ギ ー：それを作るのに、何が必要ですか？
レ イ ナ：材料は牛肉、ジャガイモ、ニンジン、タマネギです。しょうゆと酒は手に入りますか？
マ ギ ー：大丈夫だと思うわ。調べてみましょう。

Key Word 単語

しょうゆ	soy sauce ソイ ソース
得意料理	my favorite dish マイ フェイヴァリッ ディッシュ
豆腐	bean curd ビーン カードゥ
カップヌードル	Cup O' Noodle カッポ ヌードゥル
インスタント食品	instant food インスタント フード
レトルト食品	boil-in-the-bag-food ボイル イン ザ バッグ フード

こんな体験しました！

● 自信がなかったが、肉じゃがを作ったらとても喜んでくれた。おいしいと言ってくれたので、がんばってよかったと思った。

知っとこ！アドバイス

● ホストファミリーのために日本料理を作ってあげる場合には、Let me cook some Japanese food for you.（日本料理を作ってあげます）と言えばよいのです。ちょっとした料理の材料なら、たいていのものは、スーパーで手に入ると思います。

● 料理に自信がないなら、Shall we try some instant Japanese noodles?（インスタントのうどんを食べてみませんか？）という方法もあります。

● 必要な材料を集める場合は、"I need[材料名]to cook[料理名]"（〜を料理するには〜が必要です）という表現が役に立ちます。

● 自分の作った料理を食べてもらったら、How do you like my cooking?（私の料理はいかがでしたか？）あるいは、I hope you like it."（気に入ってもらうといいのですが）と言って反応をみてみましょう。

楽しく食事をするために

よく使う文例

I'll cook "tempura" for you. （天ぷらを料理します）
アイル クック テンプラ フォー ユー

Have you ever tried it? （食べたことがありますか？）
ヘァヴユー エヴァー トライディッ

I've never tried it before. （食べたことはありません）
アイヴ ネヴァー トライディッ ビフォー

I hope I can cook it well. （うまく料理できるといいのですが）
アイ ホープ アイ キャン クッキッ ウェル

相手の言うことが聞き取れない *Listening*

Jane : What's the matter with you?
　　　ウワッツ　　ザ　　マター　　ウィズ　　ユー
Reina : Pardon?
　　　パードゥン ↗
Jane : Do you have a problem?
　　　ドゥー　ユー　ヘァヴ　ア　プロブレム ↗
Reina : My English is very poor.
　　　マイ　イングリッシュ　イズ　ヴェリー　プアー
Jane : No, you speak English well.
　　　ノー　ユー　スピーク　イングリッシュ　ウェル
Reina : Thank you, but sometimes I can't catch
　　　サンキュー　　バッ　　サムタイムズ　　アイキャーント　キャッチ
　　　what you say.
　　　ウワッチュー　セイ
Jane : Take your time. You'll get used to it.
　　　テイク　ヨア　タイム　ユール　ゲッ　ユースト　トゥーイッ
Reina : I hope so.
　　　アイ ホープ　ソー
Jane : Don't hesitate to ask us any questions.
　　　ドン　ヘズィテイトゥ トゥー アースク アス エニー　クエスチャンズ

ジェイン：どうしたの？
レイナ：えっ？（何と言ったのですか？）
ジェイン：どうかしたのですか？
レイナ：私の英語はだめなんです。
ジェイン：そんなことはないわ。上手に英語を話していますよ。
レイナ：ありがとう、でも、ときどきみなさんの言っていることがわからないのです。
ジェイン：時間をかけてやればいいのよ。すぐに慣れてきますよ。
レイナ：そうなるといいのですが。
ジェイン：遠慮しないで、なんでも聞いてね。

Key Word 単語

はっきりと	clearly クリアリィ	難しい	difficult ディフィカルトゥ
速すぎる	too fast トゥー ファーストゥ	聞き取り	listening リスニン
ふつうの速さ	normal speed ノーマル スピードゥ	誤解する	misunderstand ミスアンダースタン

家族と親しくなるために

聞いとこ！こんな体験しました！

- ホストファミリー同士で話しているときは、スピードが速いので何を言っているのかわからなかった。
- 私と話すときはゆっくり話してくれた。それでも私がわからないと言うと、カンタンな言いまわしを使って話してくれた。
- 何度 Pardon? と言っても、いやな顔をしないで何回も説明してくれた。おかげで言っていることがよくわかった。

知っとこ！アドバイス

- 慣れないうちは、相手の話すスピードについていくのは難しいと思います。それはしかたがないことなので、そんなことを悩むより聞き取れない場合のことを考えましょう。まず、Pardon?（すみません、もう一度言ってください）がいちばん短くて便利です。そして、Would you speak more slowly?（もう少しゆっくり話してくれませんか？）あるいは、I don't understand the word.（その単語がわかりません）などと具体的に説明すればいいのです。簡単に、Who?（だれですか？）、Where?（どこですか？）、When?（いつですか？）、How?（どうやって？）と言って内容を確認することもできます。

よく使う文例

Would you explain in simple English?
ウッジュー　イクスプレイン　イン　スィンポー　イングリッシュ♪
（やさしい英語で説明してくれませんか？）

Would you say it again?（もう一度言ってください）
ウッジュー　セイ　イッタゲイン♪

What does that mean?（それはどういう意味ですか？）
ウワッ　ダズ　ザッ　ミーン

I got it!（わかりました！）
アイ　ガリッ

イエスとノーをはっきりと *Yes & No*

Reina : I'm going to the amusement park with my friends today.

Jane : What time are you leaving?

Reina : They're coming to pick me up at 10a.m.

Jane : Have a nice time!
Are you going to have dinner with us tonight?

Reina : Well, I don't know. I'm not sure yet.

Jane : You aren't coming back for dinner, are you?

Reina : Well.......

レイナ：今日、友だちと遊園地に行くんです。
ジェイン：何時に家を出るのですか？
レイナ：10時に迎えに来てくれるんです。
ジェイン：楽しんでいらっしゃい！　夕食は家で食べますか？
レイナ：え〜と、わかりません。まだ、よくわからないんです。
ジェイン：夕食には戻らないのね？
レイナ：それが……（わからないのです）。

Key Word 単語

賛成する	agree		「私も〜ではありません」	Me neither.
反対する	disagree		あいまいな	ambiguous
「私も〜です」	Me too.		決める	decide

> You aren't coming back for dinner, are you?
>
> Well...
>
> Today's dinner is a steak...
>
> I'm going to have dinner with you tonight!

家族と親しくなるために

聞いとこ！こんな体験しました！

- 最初は、失礼だと思ってなかなか No が言えなくて、なんとなく Yes と言ってしまった。
- 生活に慣れてきたら、自然に No と言えるようになった。やっぱり自分の意見をはっきり言うことは大切。
- 夕食のあと、デザートを食べるかと聞かれて、本当におなかがいっぱいだったのでどうしようかと迷っていたら、Yes なのか No なのかを何度も聞かれてしまった。

知っとこ！アドバイス

- 外国に出たら、とにかくイエスとノーをはっきり言って、自分の考えを主張することです。相手の文化がそういうものなのだと考えてください。あいまいな返事をすると、相手はどちらなのかわからず困ってしまいます。遠慮せずに、YesとNoを言うことが大切です。
- その場合に注意しなくてはならないのが、日本語と違って、質問に対してそうであればいつでも答えはYesとなるということです。たとえば、Don't you like apples?（リンゴは好きではないのですか？）と質問されてもDo you like apples?（リンゴは好きですか？）と聞かれても、リンゴが好きなら答えはYesとなるのです。

よく使う文例

No, thank you. （いいえ、結構です）
ノー　サンキュー

Yes, I think so. （はい、そう思います）
イエス　アイ　スィンク　ソー

No, I don't think so. （いいえ、そうは思いません）
ノー　アイ　ドン　スィンク　ソー

Either one is ok. （どちらでもいいです）
イーザー　ワン　イズ　オーケー

ありがとうとごめんなさい *Thanks & Apologies*

Reina : Thank you for making the lunch box for me.
サンキュー フォー メイキン ザ ランチ ボックスフォー ミー

Jane : You're quite welcome.
ユーア クワイトゥ ウェルカム

Reina : I'll enjoy it after playing tennis.
アイルエンジョイイッ アフター プレイン テネス

Jane : That's good!.
ザッツ グッ

Reina : Oh, I'm sorry. I forgot to tell you that I can't come back by 4p.m.
オー アイム ソーリー アイ フォゴットゥー テル ユー ザライ キャーント カンバック バイフォービーエム

Jane : Then we can't go shopping today, can we?
ゼン ウィ キャーント ゴー シャッピン トゥデイ キャン ウィ

No problem.
ノー プロブレム

Reina : No. I'm terribly sorry about that.
ノー アイム テリブリィ ソーリー アバウト ザッ

Jane : That's all right.
ザッツ オーライ

Reina : Next time I won't forget to tell you about the time.
ネクスト タイム アイ ウォントゥフォーゲットゥー テル ユー アバウト ザ タイム

レ イ ナ：お弁当を作っていただいてありがとう。
ジェイン：どういたしまして。
レ イ ナ：テニスをしたあとで食べることにします。
ジェイン：それはいいわね。
レ イ ナ：あっ、ごめんなさい！ 4時までに帰れないということを、
　　　　　伝えるのを忘れました。
ジェイン：それじゃ、今日は買い物に行けないわね？ わかったわ。
レ イ ナ：はい。本当にごめんなさい。
ジェイン：いいんですよ。
レ イ ナ：この次は、時間を言うのを忘れないようにします。

Key Word 単語

感謝する	thank サンク
謝罪する	apologize アパラジャイズ
「問題ないです」	No problem. ノー プロブレム
「本当に感謝します」	I appreciate. アイ アプリシエイ
心から	from the heart フラム ザ ハート
忠告	advice アドヴァイス

こんな体験しました！

- サンキューと言うときは笑顔で言うと、とても喜んでくれることがわかった。
- 朝食にちょっと遅れてしまったので、I'm sorry.と言ったら、そんなにあやまらなくていいと言われた。

知っとこ！アドバイス

- 「〜をありがとうございます」と言う場合には、Thank you for 〜を使うと便利です。この〜のところにお礼の対象となったことを入れればいいのです。たとえば、Thank you for your kindness.（ご親切にありがとうございます）、あるいは、Thank you for picking me up.（迎えに来てくれてありがとう）などと使ってください。
- そのほかに、your advice（忠告）、the invitation（招待）、the present（プレゼント）なども覚えておくと便利です。
- おわびを言う場合は、I'm sorry.（ごめんなさい）ですが、もっとあやまりたいときは、I'm terribly sorry.（本当にごめんなさい）です。あるいは、I have to apologize.（あやまらなくてはなりません）と言えば、こちらの気持ちは伝わるはずです。

よく使う文例

Thank you for everything. （いろいろとありがとうございます）

Not at all. （どういたしまして）

That's my fault. （私のせいです）

Please forgive me. （許してください）

何かを頼む　　*Asking*

Reina : **Would you do me a favor?**
ウッジュー　ドゥー　ミー　ア　フェイヴァー↗

Maggie : **Sure.**
ショア

Reina : **Would you take me to the mall again?**
ウッジュー　テイク　ミー　トゥー　ザ　モール　アゲイン↗

Maggie : **Yes, of course.**
イエス　アヴ　コース

Reina : **I appreciate it very much.**
アイ　アプリシエイティッ　ヴェリー　マッチ

Maggie : **When would you like to go?**
ウェン　ウッジュー　ライクトゥーゴー

Reina : **Anytime! It's up to you.**
エニータイム　イッツ　アップトゥー　ユー

Maggie : **Then, how about tomorrow afternoon?**
ゼン　ハウ　アバウト　トゥモロー　アフタヌーン

Reina : **Terrific!**
テリフィック

レイナ　：お願いがあるのですが。
マギー　：いいわよ。
レイナ　：また、モールに連れて行ってくれませんか？
マギー　：もちろんいいわ。
レイナ　：本当にありがとう。
マギー　：いつ行きたいの？
レイナ　：いつでもいいわ。あなた次第で。
マギー　：それじゃ、明日の午後でどうかしら？
レイナ　：やったあ！

Key Word 単語

頼む	ask アースク
断る	say no セイ　ノー
「もちろん（いいです）」	Sure, why not? ショア　ウワイ　ナッ
絶対だめです！	Never! ネヴァー
この次に	next time ネクスト　タイム
「よろこんで」	My pleasure. マイ　プレジャー

家族と親しくなるために

聞いとこ！こんな体験しました！

- わからないことはすぐに聞くことにしていたので、よく質問をした。はずかしがらずに、何でも聞いてみたらいいと思う。
- いろいろな単語をならべて頼んだら、通じたのでほっとした。

知っとこ！アドバイス

- 何かを頼んでも、だめであれば Noと言われるので、悩んでいないで言ってみることです。欧米では、相手の気持ちを察するということがあまりないので、何ごとも口に出して言うことが大切です。May I ask a favor of you?（お願いがあるのですが）、I'd like you to help me with this.（これを手伝ってもらいたいのです）などと言って頼むといいでしょう。そして、頼みごとを聞いてくれたら「サンキュー」のひと言を忘れないようにしたいものです。
- 逆に何かを頼まれたら、I'll be glad to.（よろこんで）、親しい人にはYou bet!（いいわよ！）という表現もあります。できないときは I'm sorry I can't do it.（すみませんができません）と言って断ればいいでしょう。

よく使う文例

Would you help me? （手伝ってもらいたいのですが）

Please give me a hand. （手を貸してくれませんか？）

No sweat. （いいですよ）

With pleasure. （よろこんでやります）

Not this time. （今回はだめです）

家事を手伝う *Housework*

Reina: Shall I help you clean the garden?
シャライ ヘルプ ユー クリーン ザ ガードゥン↗

Jane: Oh, thank you, Reina. You're so sweet.
オー サンキュー レイナ ユア ソー スウィートゥ

Reina: What can I do for you?
ウワッ キャナイ ドゥーフォー ユー

Jane: Would you water my rose garden, then?
ウッジュー ウォーター マイ ローズ ガードゥン ゼン↗

Reina: I'll be glad to. Where's the hose?
アイルビー グラットゥー ウェアーズ ザ ホウズ

Jane: It's down over there behind the fence.
イッツ ダウン オーヴァー ゼア ビハイン ザ フェンス

Reina: I think I can find it.
アイ スィンクアイキャン ファインディッ

Jane: Would you like to use the lawn mower?
ウッジュー ライクトゥーユーズ ザ ローン モウアー↗

Reina: Oh, yes. It looks like fun.
オー イエス イッ ルックス ライク ファン

Jane: I'll show you how to use it later.
アイル ショウ ユー ハウ トゥーユーズィッ レイター

レイナ：庭の掃除を手伝いましょうか？
ジェイン：あら、ありがとう、レイナ。やさしいのね。
レイナ：何をしたらいいですか？
ジェイン：それじゃ、私のバラ園に水をあげてくれますか？
レイナ：よろこんで。ホースはどこですか？
ジェイン：塀のうしろにあります。
レイナ：わかりました。
ジェイン：芝刈り機を使ってみたいですか？
レイナ：はい。楽しそうですね。
ジェイン：あとで使い方を教えてあげます。

Key Word 単語

掃除	cleaning クリーニン	子守り	baby-sitting ベイビー スィッティン
洗濯	washing ワッシン	修理	repairing リペアリン
草刈り	mowing モウウィン	洗車	car washing カー ワッシン

> Would you like to use the lawn mower?

> Oh, yes. It looks like fun.

> Don't break my plant again.

家族と親しくなるために

聞いとこ！ こんな体験しました！

- 果物の皮をむいたりお皿を運ぶなど、自分ができることをした。
- 犬の散歩に行ったり、いっしょに夕食の買い物に行った。
- 最初は立って見ているだけだったが、ホストマザーから頼まれるうちに、だんだん何をすればいいのかわかってきた。最後は自分からすすんで手伝った。

知っとこ！ アドバイス

- 家事のことは、housework、あるいはhousehold choresと言います。家事の手伝いを申し出るときは、Let me help you with the housework.（家事を手伝わせてください）と言えばいいのです。もっと具体的に、Shall I wash the car with you?（車を洗いましょうか？）、または、Shall I clear the table?（テーブルの上を片づけましょうか？）などと言うこともできます。
- とりあえず手伝わなくてもいいと言われたら、If there's something, please let me know.（もし何かあったら、言ってください）と言っておきましょう。よろこばれると思います。

よく使う文例

Let me help you. （お手伝いさせてください）

Shall I do it for you? （それ、私がしましょうか？）

I'm happy to help you. （お手伝いができてうれしいです）

I'd like to take the dog out for a walk.
（犬を散歩に連れて行きたいのですが）

子どもと遊ぶ　　Playing with Children

Reina : What a cute cat you have!
ウワッタ　キュートゥ　ケアッ　ユー　ヘァヴ

Tom : It's big, isn't it?
イッツ　ビッグ　イズンティッ

Reina : Yes, it is. It's very big. What's its name?
イエス イッティズ　イッツ ヴェリー ビッグ　ウワッツ　イッツ　ネイム

Tom : General.
ジェネラル

Reina : Good name! Is it a male or female?
グッ　ネイム　イズイッタ　メイル　オア　フィーメイル

Tom : Of course, it's a male.
アヴ　コース　イッツ ア メイル

Reina : How old is he?
ハウ　オールドイズヒー

Tom : He's two.
ヒーズ　トゥー

Reina : What does he like to eat?
ウワッ　ダズ　ヒー ライク トゥーイートゥ

Tom : He likes anything.
ヒー　ライクス　エニスィン

レイナ　：かわいい猫を飼っているのね！
トム　：大きいでしょ？
レイナ　：そうね、とても大きいわね。名前は何と言うの？
トム　："ジェネラル（大将）"。
レイナ　：いい名前ね。オスなの？　それともメス？
トム　：もちろん、オスだよ。
レイナ　：いくつなの？
トム　：2歳。
レイナ　：食べ物は何が好きなの？
トム　：なんでも食べるよ。

Key Word 単語

人形	doll ドル	テレビゲーム	video game ヴィディオ　ゲイム
ぬいぐるみ	stuffed animal スタッフトゥ　アニマル	トランプをする	palying cards プレイン　カーズ
ラジコンの車	remote-controlled toy car リモートゥ　コントロールドゥ　トイ　カー	あなたの番	your turn ヨア　ターン

What's its name?
General.

What does he like to eat?
Give me〜

He likes anything.

家族と親しくなるために

聞いとこ！こんな**体験**しました！

- 子どもたちに折り紙を教えてあげたら、とてもよろこんでくれた。紙ふうせんも作って遊んだ。
- 家のガレージにバスケットのゴールがあったので、ひまさえあればみんなでバスケットをして遊んだ。

知っとこ！**アドバイス**

- 小さい子どもがいる場合は、英語の勉強にもなるので積極的に遊ぶようにするといいでしょう。きっかけは、Shall we play hide and seek?（かくれんぼしようか？）、そして、I'm a ninja and very good at it.（私は忍者なのよ。かくれんぼがうまいのよ）などと言うと、子どももうちとけてくれるかもしれません。
- 鬼ごっこの鬼のことを、"it"と言うので、I'm it first.（私が最初にオニになるわ）、No cheating, OK?"（ズルをしちゃダメよ）などと言うとよろこんでやってくれるのではないでしょうか。また、簡単なマジックなどを覚えていってYou want to see some magic?（マジックを見たい？）と言うのもおもしろいでしょう。

よく使う文例

I'll show you how to make a paper crane.
（折り紙の鶴を作って見せてあげます）

I'll show you how to play kendama(cup and ball).
（けんだまのやり方を見せてあげます）

Shall we play catch? （キャッチボールをやろうか？）

Let's play tag. （鬼ごっこをしましょう）

103

いっしょにテレビを見る　　Watching TV

CD 50

Maggie : **Shall we watch TV?**
シャル　ウィ　ウワッチ　ティーヴィー

Reina : **That's a good idea. What shall we watch?**
ザッツ　ア　グッ　アイディア　ウワッ　シャル　ウィ　ウワッチ

Maggie : **Let's check in the paper.**
レッツ　チェッキン　ザ　ペイパー

Reina : **Are there any interesting programs tonight?**
アー　ゼア　エニー　インタレスティン　プログラムズ　トゥナイ

Maggie : **Oh, there's a movie at 7p.m.on channel 5.**
オー　ゼアーズ　ア　ムーヴィー　アッセヴンピーエムオン　チャヌル　ファイヴ

Reina : **What's the title?**
ウワッツ　ザ　タイトゥル

Maggie : **It's "Terminator".**
イッツ　ターミネイター

Reina : **Good! I've seen it in Japan.**
グッ　アイヴ　スィーニッ　イン　ジャパン

マギー　：テレビを見ましょうか？
レイナ　：それはいい考えね。何を見ますか？
マギー　：新聞で調べてみましょう。
レイナ　：今晩、何かおもしろい番組をやっていますか？
マギー　：チャンネル5で、7時から映画があります。
レイナ　：題名は？
マギー　：『ターミネーター』だわ。
レイナ　：よかった！　日本で見たことがあります。

Key Word　単語

司会者	**MC(master of ceremonies)**	クイズ番組	**quiz show**
	エムスィ　マスターアヴ　セイレモニーズ		クイズ　ショウ
テレビ番組	**TV program**	タレント	**TV personality**
	ティーヴィー　プログラム		ティーヴィー　パースナリティ
天気予報	**weather forecast**	賞品	**prize**
	ウェザー　フォーキャストゥ		プライズ

104

家族と親しくなるために

聞いとこ！こんな体験しました！

- テレビで映画をよく見た。テレビのチャンネルの数が多いのに驚いた。
- テレビゲームやいろんなゲームをやった。家族が全員参加して、にぎやかで楽しかった。
- テレビが居間にあったので、テレビを見ながら食事をするということはなかった。

知っとこ！アドバイス

- 家族がいっしょにテレビを見で楽しむのは日本と同じです。そのときに、何を見ているのか知りたければ、What are we wathching now?（今、何を見ているのですか？）と聞きましょう。
- また、What kind of programs do you like?（どんな番組が好きですか？）と聞かれたら、I'd like to watch a baseball game.（野球の試合を見たいのですが）などと自分の希望を言ってください。ビデオが見たければI'd like to go to the video rental shop.（ビデオショップに行きたいのですが）と言って、連れて行ってもらうといいでしょう。

よく使う文例

May I change the channel? （チャンネルを変えてもいいですか？）

May I turn up (down) the TV?
（音を大きく［小さく］してもいいですか？）

Let's watch another program. （別の番組を見ましょう）

Shall we watch a video? （ビデオを見ましょうか？）

散歩に行く *Taking a walk*

Jane: Shall we take a walk?
シャル ウィ テイカ ウォーク♪

Reina: Now? Taking a walk at night?
ナウ♪ テイキンガ ウォーク アッ ナイ♪

Jane: You don't do that in Japan?
ユー ドン ドゥー ザッ イン ジャパン♪

Reina: No. Usually we don't take a walk after dinner.
ノー ユージュアリィ ウィ ドン テイカ ウォーク アフター ディナー

Jane: All right. Let's go. Reina, would you put a leash on Kemba? We'll take him too.
オーライ レッツ ゴー レイナ ウッジュー プッタ リーシュ オン ケンバ♪ ウィル テイク ヒム トゥー

Reina: OK. Where shall we go?
オーケー ウェアー シャル ウィ ゴー

Jane: Well, we'll go through the town and to the beach.
ウェル ウィル ゴー スルー ザ タウン アン トゥー ザ ビーチ

Reina: That sounds great!
ザッ サウンズ グレイト

Jane: Is everybody ready to go? Let's go!
イズ エヴリィバディ レディ トゥー ゴー♪ レッツ ゴー

ジェイン：散歩に行きましょうか？
レイナ：今ですか？ 夜、散歩をするのですか？
ジェイン：日本ではしないのですか？
レイナ：しません。ふつう、夕食後に散歩はしません。
ジェイン：わかりました。さあ、行きましょう。
　　　　　レイナ、ケンバに皮ひもをつけてくれない？
レイナ：はい、つけます。どこへ行くのですか？
ジェイン：そうねえ、町を通って浜辺に行きましょうか。
レイナ：すごい！
ジェイン：みんな、準備はできた？ 行きましょう！

Key Word 単語

近道	shortcut ショートカッ
遠回り	a long way around ア ロング ウェイ アラウンドゥ
鎖	chain チェイン
犬の鎖をはずす	unchain a dog アンチェイン ア ドッグ
首輪	collar カラー
皮ひも	leash リーシュ

> Shall we take a walk?
> That's great!
> Is everybody ready to go? Let's go!

聞いとこ！こんな体験しました！

- 夕食後に家族で出かけることは、日本ではあまりないと思うが、アメリカではふつうのことのようだった。
- 夜、犬を連れてみんなで散歩に行った。星空のビーチがステキだった。
- 散歩に出かけると、いろんな人に出会って、そのたびに自分のことを紹介してもらった。知り合いが増えたようで、とてもうれしい気がした。

知っとこ！アドバイス

- 散歩は、その町のいつもの顔に触れることのできるチャンスです。こちらから、I like to take walks.（私は散歩をするのが好きです）と伝えておくとよいでしょう。様子を見てShall we go for a walk?（散歩に行きましょうか？）とこちらから言ってもいいと思います。
- 散歩の途中でちょっと立ち寄りたい場所を見つけたら、Shall we drop in the flower shop?（あのお花屋さんに寄ってみませんか？）と言えばいいでしょう。散歩に出たら、Oh! What a beautiful morning!（ああ、なんて気持ちのいい朝なんでしょう！）などと、自分の気持ちを素直に表現することも必要です。

よく使う文例

Are you ready? （準備はできましたか？）

I'm coming! （今、行きます！）

Shall we take Kemba too?
（ケンバ［犬］も連れて行きましょうか？）

Is it far to the park? （公園までは遠いのですか？）

家族と親しくなるために

門限について *Curfew*

Reina: I'm going out with my friends tomorrow.
アイム ゴーイン アウ ウィズ マイ フレンズ トゥマロー
What time should I come home?
ウワッ タイム シュダイ カム ホーム

Jane: Why don't you come home before dinner?
ウワイ ドンチュー カム ホーム ビフォー ディナー

Reina: I'm having dinner with them.
アイム ヘァヴィン ディナー ウィズ ゼム

Jane: I see. Then, please come home by 10p.m.
アイ スィー ゼン プリーズ カーム ホーム バイ テン ピーエム

Reina: I will.
アイ ウィル

Jane: If you're coming home later than that,
イフ ユーア カミン ホーム レイター ザン ザッ
please call me.
プリーズ コール ミー

Reina: I'll call for sure.
アイル コール フォー ショア

レイナ：明日、友だちと出かけるのですが、何時に戻ってくればいいですか？
ジェイン：夕食前に戻ってくれば？
レイナ：夕食を友だちと食べるんです。
ジェイン：そうなの。それじゃ、10時までに帰ってらっしゃい。
レイナ：そうします。
ジェイン：もし、それより遅くなるようなら、電話をしてください。
レイナ：忘れずに電話します。

Key Word 単語

約束	**promise** プラミス	電話する	**call** コール
守る	**keep** キープ	たぶん	**maybe** メイビー
いいわけ	**excuse** イクスキューズ	治安	**security** セキュリティ

聞いとこ！こんな体験しました！

- 夜でも、みんなで車に乗ってあちこち出かけた。よくスーパーへ行って買い物をした。
- 16歳くらいの子でも、夜の9時過ぎに遊びに出かけていた。いったい門限は何時なんだろうと思った。
- 出かけるときはいつも家族といっしょだったので、帰りの時間を気にしたことはなかった。

知っとこ！アドバイス

- 門限といっても、家庭によってまちまちなので、Do you have a curfew?（門限はありますか？）とたずねておくことです。そして、それよりも帰りが遅くなりそうな場合は、I'm afraid I'll be a little late.（少し遅くなると思います）などと言っておいてください。
- 夕食を家で食べない場合は、I'll miss dinner.（夕食は食べません）と言わなくてはなりません。時間については、わかっていればI'll be back by 11p.m.（午後11時までには帰ります）と言っておけば家族は安心します。いずれにしても、夜の外出はあまり遅くならないほうがいいでしょう。

よく使う文例

What time is the curfew? （門限は何時ですか？）

I won't be late. （遅くはなりません）

I'm sorry to be late. （遅くなってごめんなさい）

I won't come home late again. （もう二度と遅くなりません）

車について *Cars*

CD 53

Jim: Get in the car, Reina. Let's go downtown.
ゲッティン ザ カー レイナ レッツ ゴー ダウンタウン

Reina: That's nice! Where should I sit?
ザッツ ナイス ウェアー シュダイ スィッ

Jim: Sit in front.
スィッティン フラン

Reina: Thank you. Wow! What kind of car is this?
サンキュー ウワゥ ウワッ カインダヴ カー イズ ディス

Jim: This is a Chevrolet Suburban.
ディス イズ ア シャヴレイ サバーバン

Reina: This is very big.
ディス イズ ヴェリー ビッグ

Jim: Yes, it is. Would you fasten the seat belt?
イエス イッティズ ウッジュー ファースン ザ スィート ベルト ↗

Reina: Sure. May I open the window?
ショア メイ アイ オープン ザ ウィンドゥ ↗

Maggie: Father, don't forget to stop by the gas station.
ファーザー ドン フォゲットゥー スタップ バイ ザ ギャス ステイシャン

We need gas.
ウィ ニード ギャス

ジ ム ：レイナ、車に乗りなさい。ダウンタウンに行きましょう。
レ イ ナ ：ステキ！ どこに座ったらいいですか？
ジ ム ：前に座りなさい。
レ イ ナ ：ありがとう。わあ！ これは、何という車ですか？
ジ ム ：これはシボレーのサバーバンです。
レ イ ナ ：大きいですね。
ジ ム ：そうです。シートベルトをしめてくれますか？
レ イ ナ ：はい。窓を開けてもいいですか？
マ ギ ー ：お父さん、ガソリンスタンドに寄るのを忘れないで。
ガソリンを入れないと。

Key Word 単語

ガソリンスタンド	gas station (ギャス ステイシャン)	ハンドル	steering wheel (スティアリン ウィール)
ガロン	gallon=4 litters (ギャラン フォー リッターズ)	駐車場	parking lot (パーキン ラッ)
マイル	mile=1.6 kilometer (マイル ワン ポイントゥ スィックス キラミター)	道路標識	traffic sign (トラフィック サイン)

110

出かける

聞いとこ！ こんな**体験**しました！

- 広くてすばらしいハイウェイが、日本と違って無料なのでびっくりした。
- とにかくどこへ行くにも車で、さすが車社会だと思った。ホストマザーは３、４時間運転してもぜんぜん疲れないと言っていた。

知っとこ！ **アドバイス**

- さすがにアメリカは車社会と言われるだけあって、車がないと生活はできません。また、車があればこれほど便利な生活もありません。日本と違って、ハイウェイは無料です。片道６車線というところもあります。そして、だいたいハイウェイのナンバーは、南北に走っているのが奇数番号、東西に走っているのは偶数番号がついていることを知っておくといいでしょう。。
- 日本と反対に、車は道路の右側を走っているので、道を横切るときはまず、左を見て、それから右を見るということを忘れないでください。
- 日本にもDrive-thru（ドライブスルー）という、車から降りないで用の足りるファーストフード店などがありますが、アメリカではDrive-thruの銀行などもあります。

よく使う文例

How do I put on the seat belt?
ハウ ドゥーアイ プットン ザ スィート ベルト
（シートベルトはどうやってしめるのですか？）

The seat belt is too loose (tight).
ザ スィート ベルト イズ トゥー ルース （タイトゥ）
（シートベルトがゆるすぎます［きつすぎます］）

I'm carsick.（車に酔いました）
アイム カースィック

I'd like to go to the restroom.（トイレに行きたいのですが）
アイド ライク トゥー ゴー トゥー ザ レストルーム

外出のあいさつ　*Going out*

CD 54

Reina: Jane, I'm leaving now. We're going downtown for the concert.
ジェイン アイム リーヴィン ナウ ウィア ゴーイン ダウンタウン フォー ザ コンサート

Jane: You're going with your classmates, right?
ユーア ゴーイン ウィズ ヨア クラスメイツ ライ↗

Reina: Yes, I am.
イエス アイ アム

Jane: What time does the concert start?
ウワッ タイム ダズ ザ コンサートゥ スタート

Reina: It starts at 7p.m.
イッ スターツ アッ セヴン ピーエム

Jane: Then, you had better leave now.
ゼン ユー ヘァド ベター リーヴ ナウ

Reina: They've just arrived to pick me up.
ゼイヴ ジャスト アライヴド トゥー ピック ミー アップ

Jane: Have a nice time! Take care!
ヘァヴァ ナイス タイム テイク ケア

Reina: Thank you!
サンキュー

レイナ：ジェイン、出かけてきます。ダウンタウンにコンサートに行ってきます。
ジェイン：クラスメイトの人たちといっしょなのね？
レイナ：そうです。
ジェイン：コンサートは何時に始まるのですか？
レイナ：7時に始まります。
ジェイン：それじゃ、もう行ったほうがいいわね。
レイナ：友だちが今、迎えに来ました。
ジェイン：楽しんでいらっしゃい！　気をつけてね！
レイナ：ありがとう！

Key Word 単語

外出する	go out ゴー アウ		急いで	in a hurry イナ ハーリー
帰って来る	come home カム ホーム		間に合う	on time オン タイム
予定	plans プランズ		遅れる	be behind ビー ビハイン

こんな体験しました！

- 出かけるときは、日本語で"行ってきます！"と言っていた。
- いつも行き先を言ってから、Bye-byeと手をふって出かけるようにしていた。
- 家に帰って来たときも、"ただいま"のような特別なあいさつはなかった。ただ、家族はお互いにハグしていた。私にもハグしてくれた。

知っとこ！アドバイス

- 日本で使われている「行ってきます！」あるいは「ただいま！」という表現は、英語にはありません。出かけるときは、I'm going to school now.（学校に行ってきます）などと言い、送る側もTake care!（気をつけてね！）と言って、お互いに軽く抱き合ったり（これをhugと言います）、キスをしたりするわけです。
- 帰って来たときも、I'm home!（ただいま帰って来ました）などと言って同じように抱き合ったり、キスをします。慣れないうちは不思議な感じがしますが、いずれにせよ、"あいさつは元気よく"を心がけましょう

よく使う文例

I have to leave now.（もう行かなくてはなりません）

I'm leaving now, mother.（お母さん、行ってきます）

I'm going out shopping.（買い物に行くのです）

I'll call you if I'm going to be late.（遅くなるようなら電話します）

学校への送り迎え *To and from school*

Jim: I'll give you a ride to school this morning.
アイル ギヴ ユー ア ライド トゥー スクール ディス モーニン

Reina: That's great. Thank you.
ザッツ グレイト サンキュー

Jim: What time does school start?
ウワッ タイム ダズ スクール スタート

Reina: It starts at 8a.m.
イッ スターツ アッ エイ エイエム

Jim: What time does school end?
ウワッ タイム ダズ スクール エンド

Reina: It ends at 3p.m.
イッ エンズ アッ スリー ピーエム

Jim: I'm sorry I can't pick you up then.
アイム ソーリー アイ キャーント ピック ユー アップ ゼン

Jane: It's OK. I'll pick you up at school, Reina.
イッツ オーケー アイル ピック ユー アップ アッ スクール レイナ

Reina: Thank you. Where shall we meet?
サンキュー ウェアー シャル ウィ ミート

Jane: I'll pick you up at the gate.
アイル ピック ユー アップ アッザ ゲイト

ジ　ム：今朝、学校まで送って行ってあげるよ。
レ イ ナ：助かります。ありがとう。
ジ　ム：学校は何時に始まるの？
レ イ ナ：8時に始まります。
ジ　ム：終わるのは何時かな？
レ イ ナ：3時に終わります。
ジ　ム：そのときは、迎えに行けないな。
ジェイン：大丈夫。レイナ、私が学校に迎えに行ってあげるわ。
レ イ ナ：ありがとう。どこで会いますか？
ジェイン：門の所に迎えに行きます。

「寝坊しました」 I overslept.
アイ オーヴァースレプト

「助かります」 I appreciate.
アイ アプリシエイト

迎えに来る pick up
ピックアップ

Key Word 単語

始まる start
スタート

終わる end
エンド

忘れる forget
フォーゲッ

聞いとこ！こんな体験しました！

- ホストファザーとマザーが、交代で学校に迎えに来てくれた。
- 迎えに来てもらうときは、時間を忘れないように伝えておくことが大切。一度、時間を言うのをうっかり忘れて、とても不安な思いをした。

知っとこ！アドバイス

- 学校まで送ってもらいたいときは、Would you take me to school?（学校に送って行ってもらえますか？）などと言えばよいでしょう。そして、I have to get to school by 8p.m.（8時までに学校に行かなくてはならないのです）と伝えることも大切です。

- 迎えに来てもらう場合も、I'll meet you at the gate at 3:10p.m.（午後3時10分に、門の所にいます）と、会う場所と時間をはっきりと伝えておくことが大切です。自分でバスを使って行く場合には、Where can I catch the bus to school?（学校に行くバスは、どこで乗ればよいのですか？）とたずねればいいのです。

よく使う文例

Would you give me a ride to school tomorrow?
（明日、学校まで車で送ってくれませんか？）

I'm ready to go now. （準備はできています）

I'm not ready yet. （まだ準備ができていません）

How many stops are there to school?
（学校まで、停留所はいくつですか？）

クラスメイトとの会話 With Classmates

Reina: Hi! I'm Reina. I'm from Japan.
Linda: Hi! I'm Linda.
Reina: Nice to meet you, Linda.
Linda: Nice to meet you, too.
Reina: Where are you from, Linda?
Linda: I'm from Rome, Italy.
Reina: How long are you going to stay in the States?
Linda: About a year.
Reina: That's great!
Shall we go to the cafeteria to get some coffee?

レイナ ：こんにちは！　レイナです。日本から来ました。
リンダ ：こんにちは！　リンダです。
レイナ ：よろしく、リンダ。
リンダ ：こちらこそ、よろしくね。
レイナ ：リンダ、あなたはどこから来たのですか？
リンダ ：イタリアのローマから来ました。
レイナ ：アメリカにはどのくらい滞在するつもりですか？
リンダ ：1年くらいいるつもりです。
レイナ ：いいですね。
　　　　コーヒーでも飲みにカフェテリアに行きましょうか？

Key Word 単語

授業	class
小テスト	quiz
提出する	hand in
期限	deadline
教科書	textbook
ノート	notebook

こんな体験しました！

- 最初は、声をかけるのがはずかしかったが、思い切って声をかけたらちゃんと答えてくれた。それから、いろいろと話すようになった。
- アメリカの高校生は、日本人とくらべるととても大人っぽく感じた。
- 学校に車の免許を取るためのクラスがあるらしく、車で通学している高校生もけっこういたので「いいなあ」と思った。

知っとこ！アドバイス

- 最初は少し緊張するかもしれませんが、クラスメイトには、思い切って Hi!（こんにちは！）と声をかけてみることです。そして、そのあとはお互いに紹介をすればいいのです。How do you come to school?（どうやって学校に来ているのですか？）あるいは、Where do you live?（どこに住んでいるのですか？）などと会話を始めていけばいいでしょう。
- 少しうちとけてきたら How about having lunch together?（いっしょにランチを食べませんか？）などと提案してみるのもいいでしょう。

よく使う文例

May I talk to you?（話してもいいですか？）

Do you know what the homework is?
（宿題が何だか知っていますか？）

Are you free this afternoon?（今日の午後、時間はありますか？）

I'll call you tonight.（今晩、電話します）

授業中に質問する　*Asking Questions*

Teacher: Do you have any questions?
ドゥー ユー ヘァヴ エニー クエスチャンズ

Reina: I have a question, Mr. White.
アイ ヘァヴァ クエスチャン ミスター ウワイト

Teacher: What's your question, Reina?
ウワッツ ヨア クエスチャン レイナ

Reina: Did you say page 21 or 22?
ディジュー セイ ページ トゥウェンティワン オア トゥエンティトゥー

Teacher: I said page 21.
アイ セッド ページ トゥウェンティワン

Reina: Thank you. I'm afraid I couldn't catch everything.
サンキュー アイム アフレイド アイ クドゥント キャッチ エヴリスィン
Would you explain it again?
ウッジュー イクスプレイン イッ アゲイン

Teacher: Sure, I will......Do you understand now, Reina?
ショア アイ ウィル ドゥー ユー アンダースタン ナウ レイナ

Reina: Would you speak a little more slowly?
ウッジュー スピーク ア リル モア スローリー

Teacher: All right.......Did you get it?
オーライ ディジュー ゲティッ

先　　生：何か質問はありますか？
レ イ ナ：ホワイト先生、質問があります。
先　　生：何ですか、レイナ？
レ イ ナ：21ページと言ったのですか、それとも22ページと言ったのですか？
先　　生：21ページと言ったのです。
レ イ ナ：ありがとうございます。言っていることがよくわからないのですが、もう一度，説明してもらえますか？
先　　生：いいですよ……。今度はわかりましたか、レイナ？
レ イ ナ：もう少しゆっくり話してもらえませんか？
先　　生：わかりました……。わかりましたか？

Key Word 単語

休み時間	**recess** リセス	欠席	**absent** アブセント
出席を取る	**call the roll** コール ザ ロール	くり返す	**repeat** リピート
「はい！(出席してます)」	**Present!** プレゼント	受け取る	**receive** リスィーヴ

聞いとこ！ こんな体験しました！

- 本場の英語は、学校で習うよりも"アバウト"だった。でも、授業ではわかりやすく説明してくれるので助かった。
- 最初のうちはぜんぜん質問できなかった。しばらくして慣れてきて、休憩時間に先生と話をするくらいになった。
- オーラルの授業で勉強していた短いフレーズが役に立った。本場の英語はもっと難しいと思っていたが、そうでもなかった。わからないときは I have a question! と言って必ず聞いた。

知っとこ！ アドバイス

- わからないことがあったら、どんな小さなことでもいいので質問することです。質問すること自体が英語の勉強になるのです。こんなことを聞いたら笑われるのでは、などという心配はいりません。意味がうまくつかめない場合は、Would you explain it again?（もう一度説明してくれませんか？）とたずねればいいのです。
- 質問があるときは、簡単に I have a question.（質問があります）あるいは、May I ask you a question?（質問があるのですが）などと遠慮なく聞いてみることです。

よく使う文例

I don't understand.（わかりません）

When is the homework due?
（宿題の提出期限はいつですか？）

What's the reading assignment?（読む宿題は何ですか？）

That's enough for today.（今日はこのくらいにしましょう）

教会へ行く　*Going to Church*

Jane：We're going to church tomorrow morning.
Reina：May I go with you?
Jane：Sure. It'll be a good experience for you.
Reina：But I don't know what to do at church.
Jane：Don't worry.
　　　You just sit next to me and see what happens.
Reina：Do you think I'll be able to hear hymns?
Jane：I think so. They have a nice choir.
Reina：Do I have to dress up?
Jane：No, you don't. That's fine.

ジェイン：明日の朝、教会へ行きます。
レイナ：いっしょに行ってもいいですか？
ジェイン：かまいません。いい経験になりますよ。
レイナ：でも、教会で何をしたらいいのかわかりません。
ジェイン：心配いりません。私の隣に座って、何が起こるか見ていればいいのです。
レイナ：賛美歌を聞くことができますか？
ジェイン：大丈夫だと思います。すばらしい聖歌隊なのよ。
レイナ：きちんとした服装をして行かなければなりませんか？
ジェイン：いいえ、そんなことはありません。それでいいですよ。

Key Word 単語

神父	priest	聖書	the Bible
パイプオルガン	pipe organ	入り口	entrance
ミサ	mass	出口	exit

聞いとこ！こんな体験しました！

- 家は仏教徒だったが、ホストファミリーが教会に行くときにいっしょに連れて行ってもらった。賛美歌がとてもよかった。
- 教会でいろいろな人に自分のことを紹介してもらって、知り合いが増えた。
- 教会には行かなかったが、そのことでファミリーのみんなと気まずくなるということはなかった。

知っとこ！アドバイス

- 毎週日曜日に教会に行ってお祈りをする家庭は、そう多くはありません。でも、もし行く場合には、いっしょに行くといい経験になります。カトリック、プロテスタントなどいろいろな宗派がありますが What denomination do you belong to?（あなたはどの宗派に属するのですか？）とたずねてみることです。
- 教会は、信者でなくても、たいていの人を受け入れてくれるはずです。教会では賛美歌を聞いたり、ホストファミリーの友人たちに会うこともできます。教会の中で寄付(donation)のためのかごが回ってくることがありますが、入れるか入れないかは自由です。

よく使う文例

Do many people have weddings here?
（ここで結婚する人は多いのですか？）

What time does the service start? （お祈りは何時に始まるのですか？）
They sang the hymns very beautifully. （讃美歌がとてもよかったです）
May I stay home? （家にいてもいいですか？）

美容院で　　　　　*Hair Salon*

Beautician: What would you like done today?
Reina: I'd like my hair cut.
Beautician: How would you like it cut?
Reina: Would you cut this much?
Beautician: You want a trim, right?
Reina: Yes, please. I'd like a shampoo and styling too.
Beautician: How do you like it now?
Reina: Would you trim just a little more?
Beautician: Do you like it now?
Reina: I love it. Thank you.

美容師：今日はどのようにしたらよろしいのですか？
レイナ：髪の毛を切ってもらいたいのです。
美容師：どのようにお切りしましょうか？
レイナ：このくらい切ってくれますか？
美容師：少しだけ切るのですね？
レイナ：はい。シャンプーとセットもお願いします。
美容師：これでいかがですか？
レイナ：もう少し切ってくれませんか？
美容師：これでいいですか？
レイナ：気に入りました。ありがとう。

Key Word 単語

順番	turn	染める	dye
化粧品	cosmetics	髪型	hairstyle
マニキュア	manicure	パーマをかける	perm

こんな体験しました！

- 「少し短くしてほしい」と言ったら、「このくらいでいいのか」と何度も聞かれた。
- 黒髪が珍しいらしく、「とても美しい」と言われたのでうれしくなってにっこりした。
- 日本の美容室にくらべると時間が長くかかった。チップのことなどがよくわからなかったので、いっしょに行ったホストマザーに聞いて払った。

知っとこ！アドバイス

- 美容院に行くには予約が必要です。電話をして、まずI'd like to make an appointment.（予約をしたいのですが）と言います。日時を聞かれたら、I'd like to make it for 2p.m. tomorrow.（明日の2時にお願いしたいのですが）のように答えればいいのです。
- どのようにしてもらいたいかは、I'd like my hair cut this much.（このくらい切ってください）のようにはっきりと言うことが大切です。カット、シャンプー、セットなどが別料金になっているので、はじめによく料金を確認しておきましょう。美容師、理髪師に対するチップは、料金の15％が目安です。

よく使う文例

I'd like to go to the hair salon.（美容院に行きたいのですが）
アイド ライク トゥー ゴー トゥー ザ ヘアー サロン

Is there a hair salon near here?
イズ ゼア ア ヘアー サロン ニヤ ヒヤー↗
（このあたりに美容院はありますか？）

I want just a trim.（少しだけ切ってください）
アイ ウォント ジャスト ア トリム

I want my hair short.（髪を短くしたいのです）
アイ ウォント マイ ヘアー ショート

銀行で両替する
Exchanging Money

Clerk: **May I help you?**
メイ アイ ヘルプ ユー

Reina: **I'd like to cash some traveler's checks.**
アイド ライク トゥー キャッシュ サム トラヴェラーズ チェックス

Clerk: **How much do you want to cash?**
ハウ マッチ ドゥー ユー ウォント トゥー キャッシュ

Reina: **Three hundred dollars, please.**
スリー ハンドレッド ダラーズ プリーズ

Clerk: **May I see your ID?**
メイ アイ スィー ヨア アイディ

Reina: **Is a passport okay?**
イズ ア パスポート オーケー

Clerk: **Yes, it's fine. Would you countersign your checks?**
イエス イッツ ファイン ウッジュー カウンターサイン ヨア チェックス

Reina: **Sure. ......Here you are.**
ショア ヒヤー ユー アー

Clerk: **How would you like your three hundred dollars?**
ハウ ウッジュー ライク ヨア スリー ハンドレッド ダラーズ

Reina: **Two fifties, five twenties and ten tens, please.**
トゥー フィフティーズ ファイヴ トゥエンティーズ アン テン テンズ プリーズ

銀行員：いらっしゃいませ。
レイナ：トラベラーズチェックを現金にしたいのですが。
銀行員：いくら現金にいたしますか？
レイナ：300ドル、お願いします。
銀行員：身分証明書を見せてください。
レイナ：パスポートでいいですか？
銀行員：はい、結構です。小切手に裏書きしていただけますか？
レイナ：はい。どうぞ。（小切手を渡す）
銀行員：300ドルはどのようにいたしますか？
レイナ：50ドル紙幣を2枚、20ドル紙幣を5枚、10ドル紙幣を10枚でお願いします。

Key Word 単語

25セント	**quarter** クォーター	1セント	**penny** ペニー
10セント	**dime** ダイム	10ドル紙幣	**ten dollar bill** テン ダラー ビル
5セント	**nickel** ニックル	両替	**exchange** イクスチェインジ

こんな体験しました!

- 日本の銀行にくらべると、とてものんびりしていると思った。時間も長くかかった。
- だいたいどこでもトラベラーズチェックで買い物ができたので、銀行に行く必要はなかった。
- 銀行で両替したお金を数えていたら「早くしまいなさい」とホストマザーに注意された。

知っとこ！アドバイス

- ホームステイでは、現金ではなく必要な金額をトラベラーズチェックにして持っていたほうがいいでしょう。万が一盗難にあっても、あるいは紛失しても再発行してくれるので安心です。そして、銀行で両替をしてもらう場合には、100ドルなどの高額紙幣をさけて、使いやすい額の紙幣にすると便利です。
- プラスチックマネーと言われるクレジットカードがよく使われるカード社会では、多額の現金を持ち歩いている人はあまりいません。ですから、銀行やATM (automatic teller machine=自動預金出し入れ装置) のような、人のいるところでお金を数えたりしないほうが無難です。

よく使う文例

Is the bank open now? （銀行は今、開いていますか？）

What is the exchange rate today? （今日の交換率はいくらですか？）

Cash these traveler's checks, please.
（トラベラーズチェックを現金にしてください）

Change this Japanese yen to dollars, please.
（日本円をドルにしてください）

郵便局で Post Office

Reina: I'd like to send some postcards and a parcel to Japan.
アイド ライク トゥー センド サム ポウストカーズ アンダ パースル トゥー ジャパン

Maggie: All right. I'll take you to the post office.
オーライ アイル テイキュー トゥー ザ ポウスト オフィス

Clerk: May I help you?
メイ アイ ヘルプ ユー ↗

Reina: Send these to Japan, please.
センド ディーズ トゥー ジャパン プリーズ

Clerk: You need fifty cents for each postcard, so it
ユー ニード フィフティ センツ フォー イーチ ポウストカード ソー イッ

costs three dollars altogether.
コースッ スリー ダラーズ オールトゥギャザー

Reina: Send this parcel to Japan too.
センド ディス パースル トゥー ジャパン トゥー

Clerk: That'll be $7.75.
ザトル ビー セヴン ダラーズ アン セヴンティ ファイヴ センツ

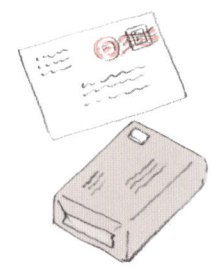

レ イ ナ：はがきと小包を日本に送りたいのですが。
マ ギ ー：わかりました。郵便局に連れて行ってあげます。
郵便局員：いらっしゃいませ。
レ イ ナ：これを日本に送りたいのです。
郵便局員：はがき1枚に50セント必要ですので、全部で3ドルです。
レ イ ナ：この小包も日本に送りたいのです。
郵便局員：7ドル75セントです。

船便で	by surface mail バイ サーフィス メイル	中身	content カンテント
着払い	C.O.D.(cash on delivery) キャッシュ オン ディリヴァリー	荷札	tag タッグ
受取人	receiver リスィーヴァー	のり	glue グルー
送り主	sender センダー	郵便番号	zip code ズィップ コウド

Key Word 単語

聞いとこ！こんな体験しました！

- 日本に出すときは、あて名は日本語でよいということに気がついた。下にJapanと書いた。
- 郵便局にある切手の自動販売機では、いろいろな組み合わせで買うことができて切手を買うのが楽しかった。
- 郵便局の前の車道にドライブスルーのポストがあって、車に乗ったままはがきを出すことができた。

知っとこ！アドバイス

- はがきを出すことはよくあると思うので、How much is the postage to Japan?（ハウ マッチ イズ ザ ポウスティッジ トゥー ジャパン）（日本までの郵便料金はいくらですか？）と確認して、少しまとめて買っておくと便利です。また、Do you have a stamp vending machine?（ドゥー ユー ヘァヴ スタンプ ヴェンディン マシーンノ）（切手の自動販売機はありますか？）と聞いてみましょう。もしあるならば郵便局の営業時間外でも切手を買うことができます。
- 小包などを送りたい場合には、そのための箱や封筒などを郵便局で売っているので、Do you have boxes for parcels?（ドゥー ユー ヘァヴ ボックスィズ フォー パースルズ）（小包用の箱はありますか？）と聞いてみることです。

よく使う文例

How many days to Japan?（ハウ メニー デイズ トゥー ジャパン）（日本まで何日かかりますか？）

Send this by express, please.（センド ディス バイ イクスプレス プリーズ）（これを速達で送ってください）

By air, please.（バイ エアー プリーズ）（航空便でお願いします）

Insurance for this package, please.（インシュアランス フォー ディス パッキージ プリーズ）
（この荷物に保険をかけてください）

スーパーマーケットで *Supermarket*

Reina : **Excuse me.**
イクスキューズ ミー

Clerk : **Good morning! What can I do for you?**
グッ モーニン ウワッ キャナイ ドゥー フォー ユー

Reina : **Where can I find cheese and milk?**
ウェアー キャナイ ファインド チーズ アン ミルク

Clerk : **Just go straight. You can find them.**
ジャスト ゴー ストレイト ユー キャン ファインド ゼム

Reina : **Do you have tofu, soy sauce and some other Japanese foods?**
ドゥー ユー ヘァヴ トーフ ソイ ソース アン サム アザー ジャパニーズ フーズ ↗

Clerk : **Yes. I think we have some in aisle No.3.**
イエス アイ スィンク ウィ ヘァヴ サム イン アイル ナンバー スリー

(at the cashier)
アッ ザ キャシアー

Reina : **I'd like to pay by traveler's checks.**
アイド ライク トゥー ペイ バイ トラヴェラーズ チェックス

Clerk : **That'll be $8.25.**
ザトル ビー エイ ダラーズ アン トゥエンティ ファイヴセンツ

May I see your ID?
メイ アイ スィー ヨア アイディ ↗

レ イ ナ ：すみません。
店　　員：おはようございます。いらっしゃいませ。
レ イ ナ ：チーズとミルクはどこですか？
店　　員：まっすぐに行ってください。ありますから。
レ イ ナ ：豆腐、しょうゆ、それから何か日本食は売っていますか？
店　　員：はい。3番の棚にいくらかあると思います。
　　　　　（レジで）
レ イ ナ ：トラベラーズチェックで払いたいのですが。
店　　員：8ドル25セントです。身分証明書を見せていただけますか？

Key Word 単語

通路	**aisle** アイル	自動硬貨両替機	**coin machine** コイン マシーン
棚	**shelf** シェルフ	値段読み取り機	**checkout scanner** チェッカウ スキャナー
会計	**checkout counter** チェッカウ カウンター	コンビニ	**convenience store** カンヴィーニエンス ストア

聞いとこ！こんな体験しました！

- アメリカのスーパーはとにかく広くて安い。何もかも大きくてびっくりした。ショッピングカートも本当に大きかった。品数も豊富で、チーズ売り場には世界中のチーズが並んでいた。
- 日本のお米やしょうゆ、インスタントラーメンがあったのでうれしくなった。
- みんながものすごい量を買うので、レジはたいてい混んでいた。係員がのんびりとお客さんと話をしながら働いているところは、日本と違うなと思った。

知っとこ！アドバイス

- 会計が混んでいる場合は、Less than 11 items（11品目以下）という表示を探してみましょう。買う品物が多い人とそうでない人は、会計が別になっていることがあるからです。会計に並ぶと品物を乗せるベルトの脇に、短い棒が置いてあります。これは、前の人との区別をするものなので、自分の品物との間に置いてください。
- 支払いのときに、Cash or charge?（現金ですか、クレジットカードですか？）と支払方法を聞かれるので、Cash, please.（現金でお願いします）、あるいはBy traveler's checks, please.（トラベラーズチェックでお願いします）と言います。

よく使う文例

Where are the cereals?（シリアルはどこにありますか？）

Do you have Japanese food?（日本食はおいてありますか？）

I'm looking for some shampoo.
（シャンプーを探しているのですが）

Would you slice this ham?（このハムを切ってくれませんか？）

買い物をする

デパートで *Department Store*

Clerk : **May I help you?**
Reina : **I'm looking for a blouse.**
Clerk : **This way, please.**
Reina : **Where's the fitting room?**
Clerk : **The fitting room is over there.**
Reina : **Do you have a smaller one?**
Clerk : **How about this one?**
Reina : **Let me try it......I think I'll take this.**
Clerk : **Thank you. Please pay at the cashier.**

店　員：いらっしゃいませ。
レイナ：ブラウスを探しています。
店　員：こちらへどうぞ。
レイナ：試着室はどこですか？
店　員：試着室はあちらです。
レイナ：もう少し小さいのはありますか？
店　員：これはいかがですか？
レイナ：試してみます……。これをください。
店　員：ありがとうございます。会計でお支払いください。

Key Word 単語

生地	fabrics	オーダー服	custom made
寸法	measurement	派手な	showy
既製服	ready made	地味な	quiet

こんな体験しました！

- 日本では、"デパ地下"といってデパートの地下に食料品が売っていると言ったら驚いていた。
- 日本のデパートには、各階にきれいなトイレがあるけれど、アメリカのデパートはトイレの数は少ない。場所もわかりにくいと思った。
- 日本のデパートの店員さんのほうがていねいで、商品もいろいろとあって便利な気がする。

知っとこ！アドバイス

- 売り場に行くと、What can I do for you?（いらっしゃいませ）とあいさつされます。Just looking.（見ているだけです）と答えるか、何を買うのかを決めている場合は、Where are the pants?（パンツはどこにありますか？）などとたずねればいいでしょう。
- 日本のデパートと違って、欧米のデパートの店員は多くの場合、歩合制で働いています。自分の売り上げが増えると、収入が増えていくわけですから一生懸命に売ろうとするし、商品についてよく知っています。ですから、買うと決めたらいろいろと相談にのってくれた店員から買わなくてはいけないのです。

よく使う文例

May I try it on? （着てみてもいいですか？）

Where's the fitting room? （試着室はどこですか？）

Is this the smallest size you have?
（これがいちばん小さいサイズですか？）

Show me that one, please. （あれを見せてください）

買い物をする

ショッピングモールで *Shopping Mall*

Reina : Do you have this in different colors?
ドゥー ユー ヘァヴ ディズ イン ディファレント カラーズ↗

Clerk : I think so. We have red, yellow and green.
アイ スィンク ソー ウィ ヘァヴ レッド イエロー アン グリーン

Reina : I think it's a little tight for me.
アイ スィンク イッツ ア リル タイト フォー ミー

Do you have a larger one?
ドゥー ユー ヘァヴァ ラージャー ワン↗

Clerk : This is one size larger than that one.
ディズ イズ ワン サイズ ラージャー ザン ザット ワン

Reina : Oh, it fits me very well.
オー イッ フィッツ ミー ヴェリー ウェル

Clerk : This one and your pants are a good match.
ディズ ワン アン ヨア ペアンツ アー ア グッ マッチ

Reina : I'll take this and this.
アイル テイク ディス アン ディス

Clerk : Anything else?
エニスィン エルス↗

Reina : No, that's all.
ノー ザッツ オール

レイナ ：これの色違いはありますか？
店　員：あると思います。赤、黄色、グリーンがあります。
レイナ ：これはちょっときついです。少し大きいのはありますか？
店　員：これはひとつ上のサイズです。
レイナ ：これはぴったりです。
店　員：これはパンツともよく合っていると思います。
レイナ ：これとこれをください。
店　員：ほかに何か？
レイナ ：いいえ、それで全部です。

Key Word 単語

花模様	flower print (フラワー プリント)	チェック	checkered (チェッカード)
しま模様	stripe (ストライプ)	無地	plain (プレイン)
水玉模様	polka dot (ポウカ ダッ)		

聞いとこ！ こんな体験しました！

- ショッピングモールは大きくて、いろいろな店があり、テーマパークみたいで楽しいところだった。「どこに行きたい？」と聞かれると「ショッピングモールに行きたい」と言ってよく連れて行ってもらった。
- モールにあるフードコートという食べ物屋の集まっているところが好きになった。フードコートでみんなでアイスを食べた。
- モールには映画館もあり、映画のあとに買い物や食事ができて楽しかった。

知っとこ！ アドバイス

- アメリカのショッピングモールの大きいものは、ひとつの町と言ってもいいくらいです。とてつもなく広い駐車場、はじからはじまで歩くだけでも何十分もかかるモールも珍しくありません。また、Food court（食べ物が集まっている中庭）と呼ばれる食べ物屋が集中している場所もあるので、買い物と食事が同時にできるというわけです。
- もちろん、映画館もあります。だから、Let's go to see a movie and eat at the mall.（モールで映画を見て、食事をしましょう）ということが簡単にできるのです。

よく使う文例

Are there different patterns?（違う模様はありますか？）

It's a little loose.（ちょっとゆるいです）

One size larger, please.（もうひとつ上のサイズをお願いします）

Nothing for me.（気に入ったものがありませんでした）

レジで支払う — At the Cashier

Reina: **I'll take these.**
アイル テイク ディーズ

Clerk: **Thank you very much.**
サンキュー ヴェリー マッチ

Reina: **How much is it all together?**
ハウ マッチ イズイッオール トゥギャザー

Clerk: **That'll be $80.75.**
ザトル ビー エイティ ダラーズ アン セヴンティ ファイヴセンツ

Cash or charge?
キャッシュ オア チャージ

Reina: **Charge, please. Can I use this credit card?**
チャージ プリーズ キャナイ ユーズ ディズ クレディッ カード↗

Clerk: **Sure. Would you sign here, please?**
ショア ウッジュー サイン ヒヤー プリーズ↗

Reina: **All right.**
オーライ

Clerk: **Thank you. Here's your copy.**
サンキュー ヒヤーズ ヨア コピー

Reina: **Thank you.**
サンキュー

レ イ ナ ： これをください。
店　 員 ： ありがとうございます。
レ イ ナ ： 全部でいくらですか？
店　 員 ： 80ドル75セントです。現金ですか、カードですか？
レ イ ナ ： カードでお願いします。このカードは使えますか？
店　 員 ： 大丈夫です。ここにサインをお願いできますか？
レ イ ナ ： わかりました。
店　 員 ： ありがとうございます。これはお客様の控えです。
レ イ ナ ： ありがとう。

Key Word 単語

取り替える	exchange イクスチェインジ	キズがついてる	scratched スクラッチト
返品	refund リファンド	ほつれている	unraveled アンレイヴルド
領収書	receipt リスィート	ひび	crack クラック

聞いとこ！こんな体験しました！

- お金を払うとき、慣れていないので困っていたら、係の人が私の手の上から必要なだけお金を持っていってくれた。
- 生まれて初めて、トラベラーズチェックで買い物をした。緊張してサインが思ったようにうまくできなかった。
- 支払いが終わって、買ったものを包んでくれるのかと思ったら、ふつうの紙袋にそのまま入れて渡された。もっとキチンと包装してくれるのかと思った…。

知っとこ！アドバイス

- 多くの店では、受けつけるクレジットカードの種類が会計のところに表示してあるはずですから、最初にチェックしておいたほうがいいでしょう。
- クレジットカードで買い物をする場合は、まず Do you accept this credit card?（このクレジットカードは使えますか？）と言って、自分のカードが使えるかどうかを確認してください。
- 使えるなら、カードを渡します。すると、使用金額が記載された2枚1組の用紙をくれるので、金額を確認してからサインをします。そして、2枚のうちのお客様用の控え(customer's copy)を忘れずにもらわなくてはいけません。

よく使う文例

Do you accept this credit card?
（このクレジットカードは使えますか？）

Where should I sign?（どこにサインすればいいのですか？）

Can I get a customer's copy?（お客様用のコピーをください）

Wrap it as a gift, please.（贈り物として包んでください）

買い物をする

スポーツを楽しむ *Enjoying Sports*

Jim : Reina, let's go to the beach this weekend.
レイナ　レッツ　ゴートゥー　ザ　ビーチ　ディス　ウィーケン

Reina : That's great! Where are we going?
ザッツ　グレイト　ウェアー　アー　ウィ　ゴーイン

Jim : We're going to Captain Beach.
ウィア　ゴーイン　トゥー　キャプテン　ビーチ

Reina : How far is it?
ハウ　ファー　イズイッ

Jim : It's about an hour drive from here.
イッツ　アバウト　アナウァ　トライヴ　フラム　ヒヤー

Maggie : We'll go surfing first and after that go horseback riding.
ウィル　ゴー　サーフィン　ファースト　アン　アフター　ザッツ　ゴー　ホースバック　ライディン

Reina : Fantastic! I've never tried either of them.
ファンタスティック　アイヴ　ネヴァー　トライド　イザー　アヴ　ゼム

Jim : They'll be good experiences for you.
ゼイル　ビー　グッ　イクスペリアンスィズ　フォー　ユー

Reina : I can't wait for this weekend.
アイ　キャーント　ウェイト　フォー　ディス　ウィーケン

ジ　ム　：レイナ、今週の週末にビーチへ行きましょう。
レ イ ナ　：すごい！　どこへ行くのですか？
ジ　ム　：キャプテン・ビーチに行きます。
レ イ ナ　：どのくらい遠いのですか？
ジ　ム　：車で1時間くらいです。
マ ギ ー　：まずサーフィンをして、それから乗馬をします。
レ イ ナ　：ステキ！　両方とも、したことがありません。
ジ　ム　：いい経験になりますね。
レ イ ナ　：私、週末が待ちきれません。

Key Word 単語

順番	turn ターン	終わる	finish フィニッシュ
待つ	wait ウェイト	休憩	rest レスト
始める	start スタート	左きき	lefty レフティ

聞いとこ！ こんな体験しました！

- 生まれて初めて乗馬にチャレンジした。学校で乗り方を習ってから馬に乗るのかと思っていたら、行ってすぐに馬に乗せられた。何が何だかわからなかったけど、言われた通りにしたらうまくいった。
- 自然がすぐ近くにあって、ゴルフ、サーフィン、ビーチバレーなど、いろんなスポーツが気軽に楽しめた。
- みんなスポーツが好きで、ひとりで2つも3つもスポーツを楽しんでいるようだった。

知っとこ！ アドバイス

- アメリカでは、日本にくらべると気軽に、そして簡単にいろいろなスポーツを楽しむことができます。What sports do you like?（どんなスポーツが好きですか？）などと聞いて、ホストファミリーの好きなスポーツがあれば、それに積極的に参加して楽しみましょう。I like to go bowling too.（私もボウリングに行くのが好きです）などと、こちらから言っておくことも必要です。
- いくら保険に入っていても、ケガをしてはしかたがありません。無理はしないようにしてください。

スポーツ・観光を楽しむ

よく使う文例

I'd like to play golf if possible.
アイド ライク トゥー プレイ ゴルフ イフ パッスィボー
（もしできれば、ゴルフがしたいのです）

I should be on a diet.（ダイエットしたほうがいいのです）
アイ シュッド ビー オンナ ダイアッ

I need to exercise.（運動が必要です）
アイ ニード トゥー エクササイズ

I belong to the tennis club.（私はテニス部に入っています）
アイ ビロン トゥー ザ テネス クラブ

スポーツ観戦 — Watching the Game

Jim: Would you like to see a baseball game?
Reina: Of course!
Jim: Let's go to LA next week then.
Reina: "Banzai!"
Jim: What did you say?
Reina: I said I'm happy.
Jim: It's the Dodgers vs the Giants.
Reina: Which is your favorite team?
Jim: Our family roots for the Dodgers.
Reina: Then I'll root for them too.

ジ ム ：野球の試合を見たいですか？
レイナ：もちろんです！
ジ ム ：それじゃ、来週ロサンゼルスに行きましょう。
レイナ："ばんざーい！"
ジ ム ：何と言ったのですか？
レイナ：私は幸せだ、と言ったんです。
ジ ム ：ドジャースとジャイアンツの試合です。
レイナ：ドジャースとジャイアンツのどっちを応援しますか？
ジ ム ：うちはドジャースを応援するんだ。
レイナ：それじゃ、私もドジャースを応援します。

Key Word 単語

選手	player
地元チーム	home team
相手チーム	opposing team
勝つ	win
負ける	lose
引き分け	draw

聞いとこ！こんな体験しました！

- 地元のサッカー場で、ホストファミリーの友だちが試合に出るので応援に行った。みんなでにぎやかに応援をして楽しかった。新しい友だちもできた。
- 家族全員で、フットボールの試合をテレビで見た。ルールがよくわからなかったが、おもしろかった。
- バスケットボールの試合を見にロサンゼルスまで行った。テレビで見るのとは違い、すごい迫力で圧倒されてしまった。

知っとこ！アドバイス

- チャンスがあれば、スポーツ観戦に出かけるとよいでしょう。日本にくらべると簡単に、しかも安くチケットが手に入るはずです。野球、バスケットボール、フットボールなどを見に行くといいと思います。
- よほど特別なゲームでないかぎり、試合開始直前に行ってもチケットは手に入ります。チケットを手に入れたい場合は、Where can I get tickets?（どこでチケットは手に入るのですか？）とたずねて、Is the ticket for tomorrow still available?（明日のチケットはまだありますか？）などと聞けばいいでしょう。

よく使う文例

What time does the game start?
（試合は何時に始まるのですか？）

About what time will it finish?（何時ごろ終わりますか？）

How can I get to the stadium?
（スタジアムへ行くにはどうしたらいいですか？）

That'll be an exciting game.（おもしろい試合になりそうですね）

スポーツ・観光を楽しむ

美術館で　　　　Art Museum

Reina: Two adults, please.
Clerk: Twelve dollars.
Reina: They have some works of Renoir, don't they?
Maggie: I think they do.
Reina: Excuse me. Where are the works of Renoir?
Clerk: They are on the second floor.
Reina: Can I take pictures inside the museum?
Clerk: Yes, you can. But you can't use a flash.
Reina: I understand. Where's the souvenir shop?
Clerk: It's on the first floor.

レイナ：大人2枚ください。
美術館員：12ドルです。
レイナ：マギー、ここにはルノワールの作品があるんですよね？
マギー：あると思うわ。
レイナ：すみません。ルノワールの作品はどこですか？
美術館員：2階にあります。
レイナ：中で写真を撮ってもいいですか？
美術館員：かまいません。でも、フラッシュは使えません。
レイナ：わかりました。おみやげ店はどこですか？
美術館員：1階にあります。

Key Word 単語

売店	gift shop	油絵	oil-painting
トイレ	restroom	水彩画	water color painting
博物館	museum	彫刻	sculpture

聞いとこ！こんな体験しました！

- 美術館に入ると小さいシールをくれた。それを手に貼っていると何度でも出入りできて、便利だった。
- 絵の見せ方が工夫されていて、見ていてあきなかった。入場料も日本よりもかなり安く、学生割引もあった。
- 入り口を入ったところにロッカーがあって、そこに荷物を預けなくてはならなかったのでちょっと驚いた。

知っとこ！アドバイス

- 美術館にもいろいろな特徴があります。What is this art museum famous for?（この美術館は、何で有名なのですか？）と聞いておくとよいでしょう。すると、It's famous for its Impressionism collection.（印象派のコレクションで有名です）というような答えが返ってくるはずです。
- 見るのに疲れて、ひと休みしたいという場合には、Is there a cafeteria here?（ここにはカフェテリアはありますか？）と聞きます。
- 曜日によって、開館や閉館の時間が異なる場合もあるので、What time does it open (close)?（開館［閉館］時間は何時ですか？）と聞いておくとよいでしょう。

よく使う文例

How much is the admission fee?（入場料はいくらですか？）

I'm a student. Here's my ID.
（学生です。これは身分証明書です）

Do you have a brochure?（パンフレットはありますか？）

They're in the annex.（それらは別館にあります）

映画、ミュージカルを見る　Movies & Musicals

Jane: Would you like to see a musical?
　　　ウッジュー　ライク トゥー スィー ア　ミューズィカル ↗

Reina: Yes, I'd love to.
　　　　イエス　アイド　ラヴ　トゥー

Jane: Then how about going to a musical next week?
　　　ゼン　ハウ　アバウト　ゴーイン トゥー ア　ミューズィカル　ネクスト　ウィーク

Reina: That's a good idea! Do they have a good one now?
　　　　ザッツ　ア　グッ　アイディア　ドゥー　ゼイ　ヘァヴァ　　グッ　ワン　ナウ ↗

Jane: "Pretty girl" is very popular.
　　　プリティー　ガール　イズ　ヴェリー　パピュラー

Reina: Where can we get tickets?
　　　　ウェアー　キャン　ウィ　ゲッ　ティケッツ

Jane: We can get them for less at the ticket office.
　　　ウィ　キャン　ゲッ　ゼム　フォー　レス　アッ　ザ　ティケッ　オフィス

Reina: Are tickets still available?
　　　　アー　ティケッツ　スティル　アヴェイラボー ↗

Jane: Let's check it out.
　　　レッツ　　チェッキッ　　アウ

ジェイン：ミュージカルを見たいですか？
レ イ ナ：とても見たいです。
ジェイン：それじゃ、来週ミュージカルに行きましょう。
レ イ ナ：すてきだわ！　おもしろいのをやっていますか？
ジェイン：『プリティガール』は人気があります。
レ イ ナ：チケットはどこで手に入れるのですか？
ジェイン：プレイガイドで買うと、安く手に入ります。
レ イ ナ：チケットはまだ手に入りますか？
ジェイン：調べてみましょう。

チケット売り場	box office ボックス オフィス
指定席	reserved ticket リザーヴド ティケッ
荷物預かり	cloakroom クロウクルーム
非常口	fire exit ファイアー イグズィッ
休憩	intermission インターミッション
座席案内人	usher アシャー

Key Word 単語

(コマ漫画のセリフ)
- Now we got tickets.
- And we need...
- Some popcorn and cokes!!

聞いとこ！こんな体験しました！

- ホストファミリーとよく映画に行った。主人公が危なくなると声を出して応援したり、手をたたいたり、とにかく少しもじっとしていないのでびっくりした。
- 映画を見ながらポップコーンを食べたり、コーラを飲むのは楽しかった。
- ミュージカルに行ったら、言っていることはほとんど聞き取れなかったが、音楽とダンスを見ているだけでも十分楽しめた。

知っとこ！アドバイス

- 映画は、日本よりも早く公開されるものも多いので、どんどん見に行くといいでしょう。アメリカでは、値段も8ドル前後からと格安です。The film is on now.（その映画は今やっています）で始まって、What's the title of the movie?（映画の題名は何ですか？）、そしてWho's starring?（主役はだれですか？）というような表現が役に立ちます。
- ポップコーンを口にほおりこみながらコーラを飲む、というのがアメリカ式映画鑑賞法です。アメリカ人は陽気なので、子どもだけでなく大人でも手をたたいたり、声を上げて映画を楽しんでいます。

（スポーツ・観光を楽しむ）

よく使う文例

I've never seen a musical.
アイヴ ネヴァー スィーン ア ミューズィカル
（ミュージカルは見たことがありません）

What's popular now?（今、何が人気があるのですか？）
ウワッツ パピュラー ナウ

Let's get the advance tickets.（前売券を手に入れましょう）
レッツ ゲッ ズィ アドヴァンス ティケッツ

When does the curtain rise?（始まるのは何時ですか？）
ウェン ダス ザ カーテン ライズ

パーティに招待される *Invited to a party*

Maggie : Reina, my friend is going to have a birthday party next Friday.

Reina : That sounds nice.

Maggie : You're also invited to the party.

Reina : Really? What shall I wear to the party?

Maggie : Don't worry about that. It's very casual, so we don't have to dress formally.

Reina : That's good.

Maggie : Everyday clothes are fine.

マギー　：レイナ、私の友だちが来週の金曜日に、誕生日のパーティをするんです。
レイナ　：いいですね。
マギー　：あなたも招待されているのよ。
レイナ　：本当ですか？　パーティに何を着ていけばいいのですか？
マギー　：その心配はいりませんよ。カジュアルなパーティだから、フォーマルなものを着なくてもいいのよ。
レイナ　：よかった。
マギー　：ふだん着でいいのよ。

Key Word 単語

おみやげ	present (プレゼント)	到着する	arrive (アライヴ)
花束	bouquet (ブーケイ)	服装	clothes (クロウズ)
お菓子	candies (キャンディーズ)	ふだん着	everyday clothes (エヴリィデイ クロウズ)

聞いとこ！こんな体験しました！

- ホストファミリーの8歳になる女の子の誕生パーティがあった。お客さんがたくさん来て、子どもたちやその子の両親に質問攻めにされた。その日一日でみんなと仲よくなれた。
- ホストファミリーの友だちの家でパーティがあり、招待されて小さな花束を持って出かけた。

知っとこ！アドバイス

- パーティには、格式ばったフォーマル(formal)なものと、うちとけたインフォーマル(informal)なものがあります。家庭でやるパーティはカジュアルな服装でいいと思います。心配なときは、ホストファミリーにたずねればいいでしょう。
- 社会人であれば、パーティに招待された場合には花束、ワイン、お菓子など、ちょっとしたものを持って行くことがありますが、特別なおみやげを持って行かなくてもいいようです。
- 会場に到着したら、元気よくThank you for inviting me to the party.（パーティにお招きいただいてありがとうございます）と言いましょう。

スポーツ・観光を楽しむ

よく使う文例

I'm looking forward to that party. （パーティが楽しみです）

I have nothing to wear for the party.
（パーティに着ていくものがありません）

I'm afraid I can't go. （[パーティに] 行けないと思います）

I have another appointment on that day.
（その日はほかに約束があります）

パーティでの会話 *Party Conversations*

Maggie: Cindy! This is Reina. She's from Japan.
She's staying with us now.

Cindy: Nice to meet you, Reina.
Thank you for coming to the party.

Reina: Nice to meet you. Happy birthday, Cindy!

Cindy: Thank you so much. Please enjoy the party.

Reina: I will.

Cindy: I'd like you to meet my family and friends.

Reina: I'm so excited.

Cindy: Reina, would you come with me?

マギー　：シンディ！　レイナです。日本から来たのよ。
　　　　　今、私たちのところにいるの。
シンディ：はじめまして、レイナ。パーティに来てくれてありがとう。
レイナ　：はじめまして。お誕生日おめでとう、シンディ！
シンディ：ありがとう。パーティを楽しんでくださいね。
レイナ　：はい。
シンディ：私の家族と友だちに会ってくださいね。
レイナ　：ドキドキします。
シンディ：レイナ、私といっしょに来て。

Key Word 単語

「乾杯！」	Cheers!	会話	conversation
ステキなパーティ	nice party	楽しむ	enjoy
休暇	vacation	紹介する	introduce

（コマ）
- 積極的にいろんな人と話してみよう！
- May I talk with you? Sure.
- え〜と…／何を話すか考えておけばよかった。

聞いとこ！こんな体験しました！

- ホストマザーといっしょに行ったパーティで、最初ははずかしくてだまっていたら、まわりの人がみんなで話しかけてくれた。
- 話すことを最初から決めていたので、それをくり返し新しく会う人に話した。
- パーティに行ってみて、パーティは食べるだけでなく、まわりの人と話をすることが大切だということがわかった。

知っとこ！アドバイス

- 誕生日パーティなどは特別なので、ホストファミリーと相談して、何かちょっとしたプレゼントを持って行ったほうがいいと思います。
- 日本から来たホームステイの人ということで、いろいろと聞かれるはずです。こちらから積極的に話しかけたいという場合には、May I talk with you?（お話ししてもいいですか？）などと言えばいいでしょう。
  - メイ アイ トーク ウィズ ユー♪
- 欧米のパーティは、しっかりと食べるのではなく、出席している人たちとしっかり話をするものなのです。そして帰るときは、I really enjoyed the party.（本当に楽しいパーティでした）と言うのを忘れないようにしましょう。
  - アイ リーリィ エンジョイド ザ パーティ

スポーツ・観光を楽しむ

よく使う文例

Have you ever been to Japan?
ヘァヴユー エヴァー ビーン トゥー ジャパン♪
（日本に行ったことがありますか？）

May I use your bathroom?（トイレはどこですか？）
メイ アイ ユーズ ヨア バスルーム♪

I think I have to go now.（もう行かなくてはなりません）
アイ スィンク アイ ヘァフタ ゴー ナウ

Nice meeting you.（お会いできてうれしかったです）
ナイス ミーティンギュー

家族と外食する

Eating out with the Family

Maggie: **It was very tasty.**
イットォズ ヴェリー テイスティ

Reina: **The Alaskan king crab was very good.**
ズィ アラスカン キング クラブ ウォズ ヴェリー グッ

Jane: **Do you like it?**
ドゥー ユー ライキッ↗

Reina: **I enjoyed the dinner very much.**
アイ エンジョインド ザ ディナー ヴェリー マッチ

Jim: **Well, shall we go then?**
ウェル シャル ウィ ゴー ゼン↗

Reina: **How much should I pay for dinner?**
ハウ マッチ シュダイ ペイ フォー ディナー

Jim: **Oh, you don't have to. You are our guest today.**
オー ユー ドン ヘァフタ ユー アー アワ ゲスト トゥデイ

Reina: **Oh, thank you. Thank you for dinner.**
オー サンキュー サンキュー フォー ディナー

Jim: **You're welcome.**
ユア ウェルカム

Reina: **But next time please let me pay my share.**
バッ ネクスト タイム プリーズ レッミー ペイ マイ シェア

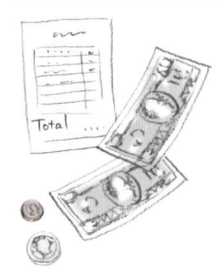

マギー：おいしかったわね。
レイナ：アラスカのキングクラブは、本当においしかったです。
ジェイン：気に入りましたか？
レイナ：とてもおいしい夕食でした。
ジム：それじゃ、行きましょうか？
レイナ：夕食代は、いくら払えばいいのですか？
ジム：その必要はありません。今日はお客さんなのですから。
レイナ：ありがとうございます。夕食をごちそうさまでした。
ジム：どういたしまして。
レイナ：でも、次は自分の分を払わせてくださいね。

Key Word 単語

割り勘にする	**go Dutch** ゴー ダッチ
私の支払い額	**my payment** マイ ペイメント
払う	**pay** ペイ
勘定	**check/bill** チェック ビル
チップ	**tip** ティップ
合計金額	**total** トータル

聞いとこ！こんな体験しました！

- 外食するときは、ホストファミリーが全部払ってくれた。食事のあと、忘れずにきちんとお礼を言った。
- 最初から、自分の分は自分で払いたいと言って、会計を別にして払うようにしていた。
- おすし屋さんに行ったら、日本と味があまり変わらないのでびっくりした。でも、やっぱり量は多かった。

知っとこ！アドバイス

- レストランなどで食事をした場合、代金の支払いをどうするのか、日本人にはなかなか聞きにくいことです。しかし、個人主義の欧米では別に特別なことではないので、What should I do with the bill?（支払いはどのようにすればいいですか？）のようにたずねればいいのです。
- ホストファミリーが、Shall we go Dutch?（割り勘にしましょうか？）と言えば別々に払えばいいし、You're our guest today.（今日は私たちのお客様になってください）と言われたらThank you very much for dinner.（夕食をごちそうさまでした）とお礼を言って、ごちそうになればいいでしょう。

外で食事をする

よく使う文例

Let's split the bill.（割り勘にしましょう）

Could we have separate checks?
（勘定を別々にしてください）

It's on me.（私が払います）

How much should I tip?
（チップはどのくらい払えばいいですか？）

ファーストフード店で *Fast-Food restaurant*

Shop clerk : Good afternoon! May I help you?
グッダフタヌーン　　　メイ アイ ヘルプ　ユー ↗

Reina : Good afternoon! I think I'll have two cheese burgers and
グッダフタヌーン　　　アイ スィンク アイル ヘァヴトゥー　チーズ　　バーガーズ　　アン

two medium French fries.
トゥー　　ミディアム　　　フレンチ　　フライズ

Shop clerk : Anything else?
エニスィン　　　エルス ↗

Reina : Two cokes, please.
トゥー　　コークス　　　プリーズ

Shop clerk : What size do you want?
ウワッ　サイズ ドゥー ユー　　ウォン

Reina : Medium for both, please.
ミディアム　　フォー ボウス　　プリーズ

Shop clerk : For here or to go?
フォー　ヒヤー　オア トゥー ゴー

Reina : For here, please.
フォー　ヒヤー　　プリーズ

Shop clerk : That'll be $6.75.
ザトル　　ビー スィックス　ダラーズ　アン　セヴンティ　ファイヴ　センツ

店　　員 ：こんにちは！　いらっしゃいませ。
レ イ ナ ：こんにちは！　チーズバーガーを2つと、ポテトフライのMを2つください。
店　　員 ：ほかに何か？
レ イ ナ ：コーラを2つください。
店　　員 ：どちらのサイズがよろしいですか？
レ イ ナ ：両方ともMでお願いします。
店　　員 ：ここでお召し上がりになりますか？　それとも、テイクアウトしますか？
レ イ ナ ：ここで食べます。
店　　員 ：6ドル75セントです。

Key Word 単語

軽食の店	**deli** デリ	タコス	**tacos** タコス
ピザ店	**pizzeria** ピッツェリア	ポテトフライ	**French fries** フレンチ　フライズ
ハンバーガー店	**hamburger shop** ハンバーガー　シャップ	カフェテリア	**cafeteria** キャフェテリア

> I'll have five cheese burgers.
>
> For here or to go?
>
> To go. Please 〈of course〉
>
> 全部ひとりで食べるわけじゃないから～～

こんな体験しました！ 聞いとこ！

- 夕食がピザというのは初めてだった。夕食のときにコーラを出されるのはきつかった。
- 量の多さに驚いた。ハンバーガーショップでセットメニューを頼んだら、ハンバーガーが2個ついてきた。でも、ポテトはとてもおいしかった。
- タコスがとてもおいしかった。日本で食べるものよりすごくおいしくて、クセになった。

アドバイス 知っとこ！

- 日本のマニュアル化された味気ない応対と違って、アメリカのファーストフードの店員たちはイキイキと話しかけてくれます。だから、お互いの最初の言葉は Hi!(ハイ)（こんにちは！）であり、Good morning!(グッ モーニン)（おはよう！）になるのです。友だち感覚で、とても気楽な雰囲気なのです。
- セット番号で注文することもできるので、そのような場合には Two of No.3, please.(トゥー アヴ ナンバースリー プリーズ)（3番を2つください）のように言います。注文すると、For here or to go?(フォー ヒヤー オア トゥー ゴー)（ここでお召し上がりになりますか、それともお持ち帰りですか？）と聞かれるので、For here, please.(フォー ヒヤー プリーズ)（ここで食べます）などと言えば大丈夫です。

よく使う文例

Two slices of bacon pizzza, please.
トゥー スライスィズ アヴ ベイカン ピッツア プリーズ
（ベーコンピザを2切れください）

I'll take this one. （これをください）
アイル テイク ディス ワン

Could I get a receipt? （領収書をください）
クッダイ ゲッタ リスィート↗

Is this seat taken? （この席はあいていますか？）
イズ ディス スィート テイクン↗

外で食事をする

レストランで注文する *Ordering*

Waiter : **Are you ready to order?**
アー ユー レディ トゥー オーダー ↗

Reina : **I need a little more time.**
アイ ニーダ リル モア タイム

Waiter : **Sure. And you, Miss?**
ショア アンジュー ミス ↗

Maggie : **I'll have steak.**
アイルヘァヴ ステイク

Waiter : **How would you like your steak?**
ハウ ウッジュー ライク ヨア ステイク

Maggie : **Medium rare, please.**
ミディアム レアー プリーズ

Reina : **What's your suggestion?**
ウワッツ ヨア サジェスチャン

Waiter : **Well, how about pork chops?**
ウェル ハウ アバウト ポーク チャップス

Reina : **Okay, I'll have that.**
オーケー アイル ヘァヴ ザッ

Waiter : **Good choice.**
グッ チョイス

ウェイター：ご注文はお決まりですか？
レ イ ナ：もう少し時間をください。
ウェイター：かしこまりました。それでは、そちらは？
マ ギ ー：私はステーキにします。
ウェイター：ステーキはどのように焼きますか？
マ ギ ー：ミディアムレアでお願いします。
レ イ ナ：おすすめは何ですか？
ウェイター：そうですね、ポークチョップなどはいかがでしょうか？
レ イ ナ：それじゃ、それをお願いします。
ウェイター：かしこまりました（かしこい選択です）。

Key Word 単語

注文	order オーダー	よく焼く	well-done ウェルダン
生焼き	rare レアー	味	taste テイスト
中くらい	medium ミディアム	食欲	appetite アパタイト

こんな体験しました！

- サラダを注文したら、ドレッシングを何にするのか聞かれた。ウェイトレスがものすごい早口でドレッシングの種類を言うのでまったく聞き取れなかった。それからは、ドレッシングを決めておくことにした。
- メニューを見ても、それが何なのかよくわからないので、だいたいすすめられたものを食べた。
- ていねいに注文したいと思っていたのに、いざとなると please をつけるのを忘れてしまった。

知っとこ！アドバイス

- 料理を注文する前に、What would you like to drink?（何をお飲みになりますか？）と飲み物について聞かれる場合があります。これは、別にアルコールでなくてもかまいません。Water is fine.（水でいいです）でもオーケーです。あるいは、Iced tea, please.（アイスティーをください）などと自分の飲みたいものを注文すればいいのです。
- サラダを注文すると、ドレッシングの種類をかなりの早口で言われるので、あらかじめ決めておくと楽に注文できます。自分も同じものを注文したいという場合は、The same for me, please.（私にも同じものをお願いします）と言えばいいでしょう。

よく使う文例

I'd like to have some seafood.（シーフードが食べたいです）

I'd like something light.（何か軽いものが食べたいのですが）

What do you recommend?（おすすめは何ですか？）

This one, please.（これをお願いします）

外で食事をする

レストランでの会話 *At the restaurant*

Reina : **Excuse me!**
イクスキューズ ミー

Waiter : **May I help you?**
メイ アイ ヘルプ ユー↗

Reina : **We're still waiting for our food.**
ウィアー スティル ウェイティン フォー アワ フード

Waiter : **Let me check. (while serving) Here you are.**
レッミー チェック オワイル サーヴィン ヒヤー ユー アー

Thank you for waiting.
サンキュー フォー ウェイティン

Waiter : **Would you like some dessert now?**
ウッジュー ライク サム ディザート ナウ↗

Reina : **Do you have a dessert menu?**
ドゥー ユー ヘァヴァ ディザート メニュー↗

Waiter : **Here you are.**
ヒヤー ユー アー

Reina : **Could I have ice cream? How about you, Maggie?**
クッダイ ヘァヴ アイス クリーム↗ ハウ アバウチュー マギー↗

Maggie : **I'll have chocolate cake.**
アイル ヘァヴ チャカリッ ケイク

レ イ ナ ：すみません！
ウェイター ：何でしょうか？
レ イ ナ ：まだ料理が来ないのですが。
ウェイター ：調べてまいります。
　　　　　　（料理を出しながら）はい、どうぞ。お待たせいたしました。
ウェイター ：デザートはいかがですか？
レ イ ナ ：デザートメニューはありますか？
ウェイター ：はい、どうぞ。
レ イ ナ ：アイスクリームをください。あなたはどうする、マギー？
マ ギ ー ：私はチョコレートケーキにするわ。

Key Word 単語

調味料	**seasoning** スィーズニン	デザートメニュー	**dessert menu** ディザート メニュー
からし	**mustard** マスタード	文句	**complain** カンプレイン
こしょう	**pepper** ペッパー	注文違いの料理	**wrong dish** ロン ディッシュ

> Do you have a dessert menu?
> Here you are.
> キャー!! 種類がいっぱい! 決められない〜 困っちゃう!

聞いとこ! こんな体験しました!

- 食事中はマナーに気をつけないといけないし、会話もしなければいけない。忙しいなあと思った。
- ウェイターがときどきやって来て、いろいろ話しかけるので、とりあえず Very good! と言っておいた。
- レストランでも家で食事をするときと同じようによく話をしていた。食事を本当に楽しんでいるんだなあと思った。だから、私もリラックスできた。

知っとこ! アドバイス

- レストランでの食事のマナーも、家庭で食事をする場合とそう変わりはありません。ナイフとフォークは外側から使います。レストランでナイフなどを床に落としても、自分で拾ってはいけません。それはウェイターの仕事です。そのためにチップを払うのですから、彼らの仕事を奪ってはいけないのです。
- 食事中に席を立つ場合は、ナプキンはいすの上に、ナイフとフォークはハの字に置いて立ちます。これは食事中であるというサインです。ナイフとフォークをそろえて置くと、食事終了の合図となります。

外で食事をする

よく使う文例

Everything is fine. (食事を楽しんでいます)
エヴリスィン イズ ファイン

Could I have more bread? (パンをもう少しください)
クッダイ ヘァヴ モア ブレッド♪

Can I change my order? (注文を変えてもいいですか?)
キャナイ チェインジ マイ オーダー♪

I'd like to cancel my order.
アイドライク トゥー キャンスル マイ オーダー
(注文をキャンセルしたいのですが)

レストランでの支払い *Paying at the restaurant*

Maggie : Well, shall we go then?
ウェル シャル ウィー ゴー ゼン ↗

Reina : All right.
オー ライ

Maggie : Check, please!
チェック プリーズ

Reina : Be my guest today, Maggie. Please.
ビー マイ ゲスト トゥディ マギー プリーズ

Maggie : Thank you very much. Well then I'll be your guest.
サンキュー ヴェリー マッチ ウェル ゼン アイルビー ヨア ゲスト

Reina : Can I pay here?
キャナイ ペイ ヒヤー ↗

Maggie : You pay at the cashier.
ユー ペイ アッ ザ ケァッシアー

Reina : What shall I do with the tip?
ウワッ シャライ ドゥー ウィズ ザ ティップ

Maggie : You can leave it on the table.
ユー キャン リーヴィッ オン ザ テイボー

It's from about 10% to 20% of the amount.
イッツ フラム アバウト テンパーセントトゥートゥウェンティパーセント アヴ ズィ アマウント

マギー ：さあ、それじゃ行きましょうか？
レイナ ：わかりました。
マギー ：お勘定をお願いします。
レイナ ：今日はごちそうさせてください、マギー。
マギー ：ありがとう。それじゃ、ごちそうになります。
レイナ ：ここで支払うのですか？
マギー ：レジで支払いをするのです。
レイナ ：チップはどうしましょう？
マギー ：テーブルの上に置けばいいのです。
　　　　だいたい、金額の10％から20％です。

Key Word 単語

会計	cashier ケアッシアー	間違い	wrong ロン
サービス料	service charge サーヴィス チャージ	正しい	correct コレクト
計算	calculation ケアルキュレイシャン	おつり	change チェインジ

聞いとこ！こんな体験しました！

- 支払いをするときに、係のウェイターが決まっていることを知らなかったので、近くを通るウェイターに声をかけたが無視された。
- チップをいったいいくらあげればいいのかわからなかった。チップって面倒くさい！
- 日本人は、請求書をあまり見ないでお金を払ってしまうが、アメリカ人はみんなじっと見ているようだった。

知っとこ！アドバイス

- 支払いをするときは、Check, please!（お勘定をお願いします）と言います。ウェイターが離れたところにいる場合は、手のひらに何かを書くマネをしてもすぐにわかります。食事中もそうですが、支払いをするときも、自分のテーブルの係のウェイターに声をかけてください。そして、チップをウェイターに直接払う場合も、会計で支払う場合も、テーブルの上に置きます。
- 支払いをするときは、勘定書きをよく調べてからにしたほうがいいでしょう。日本と違って計算違いがとても多いのです。おかしいなと思ったら、What's this figure?（この数字は何ですか？）と言って確認してください。

外で食事をする

よく使う文例

Do you have a doggie bag?（ドギーバッグはありますか？）
ドゥー ユー ヘァヴァ ダギー ベァッグ↗

Is the service charge included?
イズ ザ サーヴィス チャージ インクルーディッド↗
（サービス料は入っていますか？）

There's a mistake in the bill.（勘定に間違いがあります）
ゼアーズ ア ミステイク イン ザ ビル

I got the wrong change.（おつりが違っています）
アイ ガッ ザ ロン チェインジ

バスの乗り方　*Taking the bus*

Reina : Excuse me! Where can I get a bus to the pier?
イクスキューズ ミー　ウェアー　キャナイ　ゲッタ　バス トゥー ザ ピアー

Passenger : Get a bus at that bus stop.
ゲッタ　バス アッ ザッ　バス　スタップ

Reina : What's the number of the bus?
ウワッツ　ザ　ナンバー　アヴ　ザ　バス

Passenger : It's No.7.
イッツ ナンバー セヴン

Reina : How many stops are there to the pier?
ハウ　メニー　スタップス アー　ゼアー トゥー ザ　ピアー

Passenger : Well, I think It's the 5th stop.
ウェル アイ スィンク イッツ　ザ　フィフス スタップ

Reina : How many minutes to the pier?
ハウ　メニー　ミニッツ トゥー ザ　ピアー

Passenger : It takes about 15 minutes.
イッテイクス　アバウト フィフティーン ミニッツ

Reina : How much is the fare?
ハウ　マッチ イズ ザ　フェアー

Passenger : It's seventy-five cents.
イッツ セヴンティ　ファイヴ　センツ

レ イ ナ　：すみません！ 桟橋に行くバスはどこから乗るのですか？
乗 務 員　：あのバス停から乗ってください。
レ イ ナ　：何番のバスですか？
乗 務 員　：7番です。
レ イ ナ　：桟橋まで、停留所はいくつですか？
乗 務 員　：5つ目の停留所です。
レ イ ナ　：桟橋まで何分ですか？
乗 務 員　：15分くらいです。
レ イ ナ　：運賃はいくらですか？
乗 務 員　：75セントです。

Key Word 単語

市内バス	city bus / スィティ バス		車掌	conductor / カンダクター
料金	fare / フェアー		路線	route / ルート
均一料金	uniform fare / ユニフォーム フェアー		バス発着所	terminal / ターミナル

交通機関を利用する

聞いとこ！こんな体験しました！

- 目的地に着けるかどうかとても不安だったので、バスの運転手さんに行き先を告げて、運転席のすぐうしろにずっと立っていた。
- おつりはくれないと聞いていたので、いつもぴったりの小銭を用意してから乗るようにした。
- 夜はなるべくバスに乗らないようにした。

知っとこ！アドバイス

- バス乗り場を確認する場合は、Where's the bus stop to the State Street?（ステート通りに行くバス停はどこですか？）とたずねます。乗るときにも Is this for State Street?（これはステート通り行きですか？）と聞いておけば安心です。
- 市内バスは均一料金ということが多いので、乗るときにExact change, please.（つり銭がいらないようにお願いします）と書いてあれば、"おつりがないので小銭を用意して乗ってください"ということです。また、乗り換えをする場合は、乗ったときにTransfer, please!（乗り換え切符をください）と言って、切符をもらっておきましょう。

よく使う文例

Do I have to transfer? （乗り換えをしなくてはなりませんか？）
Where should I get off? （どこで降りたらいいのですか？）
Which bus goes to Los Angeles?
（ロサンゼルス行きのバスはどれですか？）

I get off here. （ここで降ります）

電車、地下鉄の乗り方 *Trains & Subways*

Reina: Where can I take the train to Fifth Avenue?
ウェアー キャナイ テイク ザ トレイン トゥー フィフス アヴェニュー

S.E.: You can take it at track No.3.
ユー キャン テイキッ アッ トラック ナンバー スリー

Reina: Do I have to transfer to go there?
ドゥー アイ ヘァフタ トランスファー トゥー ゴー ゼアー↗

S.E.: No, you don't have to.
ノー ユー ドン ヘァフタ

Reina: How long does it take to go to Fifth Avenue?
ハウ ロン ダズィッ テイク トゥー ゴー トゥー フィフス アヴェニュー

S.E.: It takes about twenty minutes by express.
イッ テイクス アバウト トウェンティ ミニッツ バイ イクスプレス

Reina: When is the next express?
ウェン イズ ザ ネクスト イクスプレス

S.E.: It'll come in a few minutes.
イトル カム インナ フュー ミニッツ

Reina: Does this passage lead me to track No.3?
ダズ ディス パッスィッジ リード ミー トゥー トラック ナンバー スリー↗

S.E.: Yes, it does.
イエス イッ ダズ

S.E. は Station employee の略

レイナ ：5番街に行く電車は、どこから乗るのですか？
駅 員 ：3番線から乗ってください。
レイナ ：そこに行くには、乗り換えなくてはいけませんか？
駅 員 ：その必要はありません。
レイナ ：5番街まで、どのくらい時間がかかりますか？
駅 員 ：急行で約20分です。
レイナ ：次の急行は何時ですか？
駅 員 ：2～3分で来ますよ。
レイナ ：この通路は、3番線に行きますか？
駅 員 ：はい、行きます。

案内所	information office インフォーメイシャン オフィス	往復切符	return ticket リターン ティケッ
切符売り場	ticket window ティケッ ウィンドウ	片道切符	single ticket シィンゴー ティケッ
掲示板	bulletin board ブルティン ボード	遺失物取り扱い所	lost and found office ロースト アン ファウンド オフィス

Key Word 単語

交通機関を利用する

聞いとこ！こんな体験しました！

- 列車でニューヨークからボストンまで行こうとしたが、列車が遅れた。なぜ遅れたのかという放送もなく、走り出したらまた途中で30分とまった。日本と違って、あまり時間に正確ではない気がした。
- 駅の中の放送がないのは静かでいいが、初めて行った駅ではどこに行けばいいのかわからず、とても不安になった。

知っとこ！アドバイス

- 列車に乗る場合は、日本のように駅の構内放送がないので、自分ですべてをチェックしなくてはなりません。心配な場合は、まずWhere's the train for New York?（ニューヨーク行きの列車はどこですか？）ウェアーズ ザ トレイン フォー ニュー ヨークなどとたずねることです。そして、Is this train on schedule?（この列車は予定通りですか？）イズ ディス トレイン オン スケジュールノと確認しておけばいいでしょう。日本と違い、発車するときはベルも鳴らずにスーッと出るので注意が必要です。
- 外国の電車や地下鉄は日本ほど安全でも、正確でも、きれいでもありません。とくに、夜ひとりで乗るのはさけたほうがいいでしょう。

よく使う文例

Where's the subway station?（地下鉄の駅はどこですか？）
ウェアーズ ザ サブウェイ ステイシャン

Where can I buy a ticket?（切符はどこで買えますか？）
ウェアー キャナイ バイ ア ティケッ

Is this for West station?（これはウェスト駅行きですか？）
イズ ディス フォー ウェスト ステイシャンノ

Where should I change trains?
ウェアー シュダイ チェインジ トレインズ
（どこで乗り換えたらいいのですか？）

タクシーの乗り方　　*Taxies*

Reina: **To the art museum, please.**
トゥーズィ　アート　ミュズィアム　プリーズ

Driver: **All right.**
オーライ

Reina: **How long will it take to get there?**
ハウ　ロン　ウィリッ　テイク　トゥー　ゲッゼア

Driver: **Well, it depends on the traffic. Maybe, twenty minutes..........**
ウェルイッ　ディペンズ　オン　ザ　トラフィック　メイビー　トゥエンティ　ミニッツ

Here you are.
ヒヤー　ユー　アー

Reina: **Thank you. How much is it?**
サンキュー　ハウ　マッチ　イズ　イッ

Driver: **$17.45.(Seventeen dollars forty-five cents)**
セヴンティーン　ダラーズ　フォーティ　ファイヴ　センツ

Reina: **Here's a twenty dollar bill. Please keep the change.**
ヒヤーズ　ア　トゥウェンティ　ダラー　ビル　プリーズ　キープ　ザ　チェインジ

Driver: **Thank you!**
サンキュー

レイナ　：美術館まで行ってください。
運転手　：かしこまりました。
レイナ　：どのくらい時間がかかりますか？
運転手　：交通量次第です。たぶん、20分くらいかな……。
　　　　　はい、着きましたよ。
レイナ　：ありがとう。いくらですか？
運転手　：17ドル45セントです。
レイナ　：ここに20ドルあります。おつりは取っておいてください。
運転手　：ありがとうございます。

Key Word 単語

料金	**fare** フェアー	定員	**passenger capacity** パッセンジャー　キャパスィティ
おつり	**change** チェインジ	トランク	**trunk** トランク
荷物	**baggage** バッギージ	入れる	**put** プット
運転手	**taxi driver** タクスィ　ドライヴァー	乗る	**get in** ゲッティン

こんな体験しました！

- ニューヨークでタクシーに乗ったら、あまり英語ができない運転手だったので、びっくりした。
- 乗っているうちにメーターが上がって料金が変わり、そのたびにチップの金額を計算するのが大変だった。
- タクシーのドアが日本のように自動ではないということを知らなかったので、ドアのところで立って待ってしまった。

知っとこ！アドバイス

- 日本と違って流しているタクシーは少ないので、Where's the taxi stand?（タクシー乗り場はどこですか？）とたずねるといいでしょう。タクシー乗り場は、たいてい空港、駅、そして大きなホテルなどにあります。
- チップは料金の15％が目安ですが、正確に計算をする必要はありません。だいたいでいいのです。ただし、運転手がトランクにスーツケースを入れてくれたときなどは、少し多めにあげるようにしましょう。
- 正式の免許もないのに安く客を乗せようとする車がありますが、絶対に利用しないことです。

よく使う文例

Take me to the airport, please.（空港までお願いします）
テイク　ミー　トゥー　ズィ　エアポート　プリーズ

Can we all get in the car?（全員が乗れますか？）
キャン　ウィ　オール　ゲッティン　ザ　カー

Put this in the trunk, please.（これをトランクに入れてください）
プッ　ディス　イン　ザ　トランク　プリーズ

Do you have change for 50 dollars?
ドゥー　ユー　ヘァヴ　チェインジ　フォーフィフティ ダラーズ
（50ドルでおつりがありますか？）

道をたずねる *Asking the way*

Reina : **Excuse me!**
イクスキューズ ミー

Passer-by : **May I help you?**
メイ アイ ヘルプ ユー

Reina : **Where's the flower shop?**
ウェアーズ ザ フラワー シャップ

Passer-by : **Go straight and turn left at the second corner.**
ゴー ストレイト アン ターン レフト アッ ザ セカンド コーナー

Reina : **At the second corner?**
アッ ザ セカンド コーナー

Passer-by : **Right. It's on your left.**
ライ イッツ オン ヨア レフト

Reina : **How many minutes by walking?**
ハウ メニー ミニッツ バイ ウォーキン

Passer-by : **It takes about five minutes.**
イッ テイクス アバウト ファイヴ ミニッツ

Reina : **Thank you.**
サンキュー

レイナ ：すみません！
通行人：何ですか？
レイナ ：花屋さんはどこにありますか？
通行人：まっすぐに行って、2つ目の角を左に曲がりなさい。
レイナ ：2つ目の角ですか？
通行人：そうです。左側にあります。
レイナ ：歩いて何分くらいですか？
通行人：5分くらいです。
レイナ ：ありがとうございます。

Key Word 単語

こちら側	**this side** ディス サイド	～のとなり	**next to~** ネクスト トゥー
反対側	**opposite side** アパズィッ サイド	信号	**traffic lights** トラフィック ライツ
角に	**on the corner** オン ザ コーナー	戻る	**go back** ゴー バック

漫画:
- Where's the flower shop?
- ...turn left at the second corner. (くり返すことが大切)
- At the second corner?
- Right. Right. Oops! (それはくり返さなくても...)

交通機関を利用する

こんな体験しました！

- 道の角に必ず通りの名前が表示されていて、どこに行くにもそれほど迷わずに行くことができた。
- 出かけるときは必ず、地図に行き先の場所に印をつけておいた。こうすると道を聞くときに便利だし、だいたい目的地に着くことができた。

知っとこ！アドバイス

- 道をたずねるときに大切なことは、相手の言ったことを確認することです。それには、オウムのように、相手が It's on this street.（それはこの通りにあります）と言ったら、同じように It's on this street.（この通りにあるんですね）とくり返すことです。そうすると、確認することができ、同時にしっかり覚えることもできます。
- 曲がり角を確認する場合には、Where should I turn?（どこを曲がればいいのですか？）と聞き直してください。通りのどちら側にあるかは Which side is it?（それはどちら側ですか？）と聞きます。

よく使う文例

How far is it?（どのくらい遠いのですか？）
ハウ ファー イズ イッ

It's in front of the hotel.（それはホテルの前にあります）
イッツ イン フラント アヴ ザ ホウテル

How can I get to the museum?
ハウ キャナイ ゲットゥー ザ ミューズィアム
（博物館にはどうやって行くのですか？）

Can I walk there?（そこに歩いて行けますか？）
キャナイ ウォーク ゼアー

道に迷う   *Getting Lost*

Reina : **Excuse me!**
イクスキューズ　ミー

Passer-by : **What can I do for you?**
ウワッ　キャナイ　ドゥー　フォー　ユー

Reina : **Where are we?**
ウェアー　アー　ウィ

Passer-by : **Well, this is Cabrillo Street.**
ウェル　ディス　イズ　カブリオ　ストリート

Where are you going?
ウェアー　アー　ユー　ゴーイン

Reina : **I'm going to the city hall.**
アイム　ゴーイン　トゥー　ザ　スィティー　ホール

Passer-by : **Go back on this street and turn right at the first corner.**
ゴー　バック　オン　ディス　ストリート　アン　ターン　ライ　アッ　ザ　ファースト　コーナー

Reina : **Thank you very much.**
サンキュー　ヴェリー　マッチ

Passer-by : **You can't miss it.**
ユー　キャーント　ミスィッ

レ イ ナ ：すみません！
通 行 人 ：どうしたのですか？
レ イ ナ ：ここはどこですか？
通 行 人 ：ええと、ここはカブリオ通りですよ。
　　　　　どこに行くのですか？
レ イ ナ ：市役所に行くところなのですが。
通 行 人 ：この通りを戻って、最初の角を左に曲がってください。
レ イ ナ ：ありがとうございます。
通 行 人 ：すぐに見つかりますよ。

Key Word 単語

目印	**landmark** ランドマーク	横断する	**cross** クロス
曲がる	**turn** ターン	戻る	**return** リターン
ブロック	**block** ブロック	警官	**policeman** ポリースマン

こんな体験しました！

- 場所を探すとき、道のはじからはじまでのブロックがとても長いので、ものすごく歩くことになった。アメリカは広いと思った。
- 道に迷って地図を広げていたら、通りかかった親切なおばさんが道を教えてくれた。
- 道に迷って困ってしまったので、タクシーの運転手に住所を書いた紙を渡して連れて行ってもらった。

知っとこ！アドバイス

- 道をたずねると、ほとんどの人は親切に教えてくれますが、なかには女性と見るとしつこくいっしょについて来たがる人間もいるので注意してください。安全のためには I got lost.（道に迷ってしまいました）アイ ガッ ロースト などと言わないほうがよいでしょう。あくまでも、道をたずねるということにすることが大切です。
- しつこくつきまとってくる男には、はっきりと大きな声でNo, thank you!（いいえ、結構です！）ノー サンキュー と言わなければなりません。欧米では、No! と言われなければYesだ、と考える男性が多いのです。それを忘れてはいけません。

よく使う文例

Where are we on this map?（ここはどこですか？）
ウェアー アー ウィ オン ディス マップ

You've come too far.（あなたは来すぎましたよ）
ユーヴ カム トゥー ファー

What's this street?（この通りは何という通りですか？）
ウワッツ ディス ストリート

Am I going in the wrong direction?（方向が違いますか？）
アマイ ゴーイン イン ザ ロン ディレクシャン↗

交通機関を利用する

運転免許を取る   *Driver's License*

Reina : Jane, I'd like to get a driver's license during my stay in America.

Jane : Do you drive in Japan?

Reina : Yes, I do. I got a Japanese driver's license before I came here.

Jane : Then go to the Department of Motor Vehicles and they'll give you a driver's manual. You need to take a written test and a vision test to get a learner's permit.

Reina : I can practice with it, right?

Jane : You can take a driving test after practicing.

レイナ：ジェイン、アメリカにいる間に自動車の免許を取りたいのです。
ジェイン：日本では運転していますか？
レイナ：はい。ここに来る前に日本の免許を取りました。
ジェイン：それじゃ、州の自動車課に行きなさい。そこで交通規則の説明本をくれます。仮免許を取るのに、筆記テストと目の検査が必要です。
レイナ：仮免許で運転の練習をするわけですね？
ジェイン：練習をしたあとで、実技のテストを受けることができます

Key Word 単語

オートマチック車	automatic transmission	交通標識	traffic signs
交通規則	traffic rules	車を寄せる	pull over
交通信号	traffic lights	左に曲がる	turn left

縦書き見出し: 交通機関を利用する

聞いとこ！こんな体験しました！

● 自動車の運転免許の筆記テストを受けに行った。みんなが待っているベンチのようなところでテストが始まったので焦った。
● 運転のテストは、町中をぐるぐる回ってそれでおしまいだった。思ったよりもカンタンだった。

知っとこ！アドバイス

● アメリカは車社会なので、車のない生活は考えられないと言ってもいいでしょう。だから、免許を取るのは日本で考えるほど難しくないのです。
● 陸運事務所(Motor Vehicle Bureau)あるいは、その州の自動車課(Department of Motor Vehicles)に行って、筆記テスト用の交通規則の本をもらいます。そして、筆記テストに合格すると仮免許がもらえます。これがあれば、免許を持った人が同乗すれば、運転の練習をすることができるわけです。そのあとに受ける実技のテストも、日本のように高度な技術は要求されません。また、筆記テストも日本語で受けることができたり、辞書の持ち込みができる州もあります。

よく使う文例

Could you tell me how I can get a driver's license?
クッジュー テル ミー ハウ アイキャン ゲッタ ドライヴァーズ ライスンズ ♪
（どうやったら運転免許が取れるのですか？）

Where can I take a driving test?
ウェアー キャナイ テイカ ドライヴィン テスト
（どこで実技のテストが受けられますか？）

Is the written test difficult? （筆記テストは難しいですか？）
イズ ザ ウリトン テスト ディフィカルト ♪

Would you help me practice driving?
ウッジュー ヘルプ ミー プラクティス ドライヴィン ♪
（運転の練習をするのを手伝ってくれませんか？）

飛行機の予約をする

Flight Reservations

CD 83

Clerk: United Airlines. May I help you?
ユナイテッド エアーラインズ メイ アイ ヘルプ ユー

Reina: I'd like to make a flight reservation.
アイドライクトゥー メイカ フライト リザヴェイシャン

Clerk: When would you like to fly?
ウェン ウッジュー ライクトゥーフライ

Reina: I'd like to fly from L.A. to New York next Friday morning.
アイドライクトゥーフライフラム エルエイトゥー ニュー ヨーク ネクスト フライデイ モーニン

Clerk: We have a flight at 8am, 9am and 10am.
ウィー ヘァヴア フライト アッ エイエイエム ナインエイエム アン テンエイエム

Reina: I'll take the 10am flight on economy, please.
アイル テイク ザ テンエイエム フライト オン エカナミー プリーズ

Clerk: You can pay and pick up your ticket at the
ユー キャン ペイ アン ピック アップ ヨア ティケッ アッザ
counter next Friday morning.
カウンター ネクスト フライデイ モーニン

Reina: I will. Great, thank you.
アイウィル グレイト サンキュー

係　員：ユナイテッド航空です。ご用件をどうぞ。
レイナ：フライトの予約をしたいのですが。
係　員：出発はいつですか？
レイナ：来週の金曜日の朝にロサンゼルスからニューヨークに行きたいのです。
係　員：8時、9時、10時のフライトがございます。
レイナ：10時のフライトのエコノミーでお願いします。
係　員：来週の金曜日の朝にカウンターで切符をお受け取りになって、料金をお支払いください。
レイナ：わかりました。

Key Word 単語

国際線	international flight (インターナショナル フライト)
国内線	domestic flight (ドメスティック フライト)
搭乗時間	boarding time (ボーディン タイム)
出発時間	departure time (ディパーチャー タイム)
遅れている	delayed (ディレイド)
乗客	passenger (パッセンジャー)

交通機関を利用する

【漫画】
- United Airlines: "I'd like to fly from L.A. to New York next Friday morning."
- "We have a flight at 8am, 9am, and 10am." / ん—朝早いのは苦手だから…
- "I'll take a 10am flight."
- "Could I have a window seat?" / ゆっくり寝たいし。

聞いとこ！こんな体験しました！

- アメリカ人にとっては、飛行機に乗るのは日本人が新幹線に乗るのとほとんど同じ感覚じゃないかと思った。
- 飛行機を乗り換えるときに、飛行場をバスで移動したときは本当に自分の乗る飛行機に乗れるかどうか、ちょっと不安だった。
- 自分の乗る飛行機がいきなりキャンセルになってしまった。何度も交渉して、次の便に席を見つけてもらった。こんなときは、とにかくねばることが大切。

知っとこ！アドバイス

- Can I check in now?（今、チェックインできますか？）と言って航空券をカウンターに出すと、国際線ならばMay I see your passport?（パスポートを見せていただけますか？）と言われます。そして、スーツケースの重さをはかったあとで、"baggage claim tag"（荷物引換券）をつけて、その半券を渡されるので、大切に保管してください。
- 座席の希望があれば、このときに Aisle seat, please.（通路側の席をお願いします）などと言えば探してくれます。そして、Which gate should I go?（どの搭乗口に行けばいいのですか？）と聞いて搭乗します。

よく使う文例

At what time should I be at the airport?
（何時に空港に行けばいいですか？）

Could I have a window seat?（窓側の席をお願いします）

This is a carry-on baggage.（これは機内持ち込み荷物です）

Is my flight on schedule?（私の便は時間どおりですか？）

ホテルの予約をする   Hotel Reservations

Clerk : **Good morning! Sheraton Hotel. May I help you?**

Reina : **I'd like to reserve a room.**

Clerk : **For which dates?**

Reina : **Two days, the fifth and the sixth of May.**

Clerk : **What kind of room would you like?**

Reina : **I'd like a single room.**

Clerk : **It's one hundred eighty dollars a night.**

Reina : **I'll take that room.**

Clerk : **May I have your name?**

受付係：おはようございます。こちらはシェラトンホテルです。ご用件をどうぞ。
レイナ：部屋を予約したいのですが。
受付係：いつがよろしいのですか？
レイナ：5月の5日と6日の2日間です。
受付係：どのような部屋がよろしいのですか？
レイナ：シングルルームがいいのですが。
受付係：1晩、180ドルでご用意できます。
レイナ：それでお願いします。
受付係：お名前をお願いします。

Key Word 単語

高い	expensive
安い	inexpensive
安全な場所	safe area
場所	location
宿泊カード	registration card
記入する	fill in

(コマ漫画)
- I'd like a single room.
- $180 a night.
- う〜ん…予算は170ドルなんだけど…。
- OK. I'll take that room.

縦書き：交通機関を利用する

こんな体験しました！ 聞いとこ！

- 治安があまりよくないと言われている地域に滞在するときは、料金が少し高めでも、安全な場所にあるホテルを選ぶようにした。
- 電話で予約をする場合は、あらかじめ必要なことを紙に書いてから電話したので、間違いなく予約することができた。
- 予約するときは、まず、チェックインとチェックアウトの時間を確認するようにした。

アドバイス 知っとこ！

- ホテルを予約する場合は、ホテルに直接電話をするのがいちばん確実ですが、Where's the travel agency?（ウェアーズ ザ トラヴェル エイジェンスィー）（旅行代理店はどこですか？）と聞いてその町の旅行代理店に行き、A hotel near the airport, please.（ア ホウテル ニヤー ズィ エアポート プリーズ）（空港の近くのホテルをお願いします）などと言えば予約ができます。そのときに、予算があれば My budget is about 170 dollars.（マイ バジッ イズ アバウト ワンハンドレッドセヴンティーダラーズ）（予算はだいたい170ドルくらいです）などと、こちらの希望をはっきりと言うことが必要です。
- 向こうの空港に着いてからも、Hotel phone（ホウテル フォン）（ホテル直通電話）を使えば、その場で予約することもできます。

よく使う文例

I'd like to make a reservation.（アイド ライク トゥー メイカ リザヴェイシャン）（予約をしたいのですが）
What time can I check in?（ウワッ タイム キャナイ チェッキン）（チェックインは何時ですか？）
What's the check out time?（ウワッツ ザ チェッカウ タイム）（チェックアウトは何時ですか？）
Is breakfast included?（イズ ブレックファースト インクルーディッド ♪）
（料金に朝食は含まれていますか？）

レンタカーを借りる *Car Rental*

Reina : I have no reservation.
アイ ヘァヴ ノー リザヴェイシャン

Clerk : What type of car do you want?
ウワッ タイプ アヴ カー ドゥー ユー ウォン

Reina : A compact car, please.
ア コンパクト カー プリーズ

Clerk : How long would you like to rent it for?
ハウ ロン ウッジュー ライク トゥ レンティッ フォー

Reina : For five days, please.
フォー ファイヴ デイズ プリーズ

Clerk : Would you like insurance?
ウッジュー ライク インシュアランス♪

Reina : Yes, please.
イエス プリーズ

Clerk : Sixty-five dollars per day all together.
スィックスティーファイヴダラーズ パー デイ オール トゥギャザー

May I see your international driver's license
メイ アイスィー ヨア インターナショナル ドライヴァーズ ライスンス

and credit card?
アン クレディッ カード♪

レ イ ナ ：予約はしてありません。
事 務 員 ：どのような車がいいのですか？
レ イ ナ ：小型車をお願いします。
事 務 員 ：どのくらいの期間ですか？
レ イ ナ ：5日間お願いします。
事 務 員 ：保険をおかけしますか？
レ イ ナ ：はい、お願いします。
事 務 員 ：全部で1日65ドルです。
　　　　　国際運転免許証とクレジットカードをお願いします。

Key Word 単語

大型車	full size car フル サイズ カー		頭文字	initial イニシャル
オープンカー	convertible コンヴァータボー		右側通行	keep right キープ ライ
サイン	signature スィグニチャー		方向	direction ディレクシャン

> How long would you like to rent it for?
>
> For five days, please.
>
> Sixty-five dollars per day all together.
>
> Oh!
>
> Do you have a weekly rate?

交通機関を利用する

聞いとこ！こんな体験しました！

- レンタカーは、会社によって値段もサービスも違うので、よく比較してから借りるとおトク。
- 右折しようとして、ウインカーを出したつもりがワイパーが動き出した。車を借りたら、使い方をよく知ってから動き出したほうがいい。
- アメリカでは車は右側通行なので、右折は、赤信号でも歩行者に注意しながらできるということを忘れてずっと待っていた。うしろのドライバーから「早く右折しろ」と言われてしまった。

知っとこ！アドバイス

- アメリカでレンタカーを借りるには、クレジットカードが必要です。カードなしで貸してくれる所は、高額の保証金を要求する場合があります。また、国際運転免許証のほかに、日本の運転免許証も持って行ったほうがいいでしょう。
- 期間によって割引料金もあるので、Do you have a weekly rate?（週決めの料金はありますか？）などと聞いてみることです。保険には必ず加入しましょう。Full coverage insurance, please.（全部をカバーする保険をお願いします）と言って入ってください。

よく使う文例

I'd like to drop it off at the airport.
（空港で乗り捨てにしたいのですが）

How much is the drop-off charge?（乗り捨て料金はいくらですか？）

I'd like to return the car.（車を返したいのですが）

I filled up the tank.（ガソリンは満タンにしてあります）

おなかが痛い！　*Stomachache*

Jane: What's the matter with you?
　　　ウワッツ　ザ　マター　ウィズ　ユー

Reina: I have a stomachache.
　　　アイ ヘァヴァ　スタマックエイク

Jane: Is it a bad one?
　　　イズィッタ　ベアッドワン↗

Reina: Not so bad.
　　　ナッ ソー ベァッ

Jane: Let me check your temperature...... It's not high.
　　　レッミー　チェック　ヨア　テンパラチャー　　　　イッツ ナッ ハイ

Reina: Maybe I ate too much last night.
　　　メイビー　アイ エイト トゥー　マッチ　ラースト　ナイ

Jane: I'll find some medicine for you.
　　　アイル ファインド サム　　メディスン　フォー ユー

Reina: Thank you, but I have some medicine
　　　サンキュー　　バライ　ヘァヴ　サム　メディスン
　　　for the stomachache.
　　　フォー ザ　スタマックエイク

Jane: Well then, take some and rest for awhile.
　　　ウェル ゼン　テイク　サム　アン　レスト フォー アワイル

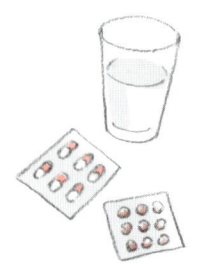

ジェイン：どうしたのですか？
レ イ ナ：おなかが痛いのです。
ジェイン：ひどく痛みますか？
レ イ ナ：そんなにひどくありません。
ジェイン：熱をはかってみましょうね。そんなにないわね。
レ イ ナ：たぶん、きのうの夜食べすぎたんだと思います。
ジェイン：薬を探してあげます。
レ イ ナ：ありがとう。でも、おなかの薬は持っています。
ジェイン：それじゃ、それを飲んで少し静かに休んでいなさい。

予約	appointment アポイントメント	眼科医	eye doctor アイ　ドクター
総合病院	general hospital ジェネラル　ハスピタル	耳鼻咽喉科	ear,nose and throat doctor イヤー ノウズ アン スロート ドクター
内科医	physician フィズィッシャン	小児科	pediatrician ペディアトリシャン

Key Word 単語

こんな体験しました！

- おなかが痛くなったとき、知らない薬を飲むのはこわかったので日本から薬を持って行った。
- ステイ先に着いてすぐに、疲れていたのに油っこいものをたくさん食べて、おなかが痛くなった。
- ロサンゼルスでは、乾燥して日差しが強かったので、のどが痛くなった。日焼け止めを塗ったのに、腕と足と首が日に焼けて、痛かった。

アドバイス

- 気分が悪いときは、遠慮せずに I'm feeling bad.（気分が悪いのです）などと言いましょう。がまんをしてはいけません。症状もなるべく具体的に、I have a stomachache.（おなかが痛いのです）などと言うことです。そして、それがいつからなのかを、Since this morning.（今朝からです）のように言いましょう。
- 日本から持って来た薬があるのなら、I have some medicine.（薬は持っています）と言って薬をのんで、しばらく様子を見ることもできますが、必要ならばPlease take me to the hospital.（病院に連れて行ってください）と言って、連れて行ってもらうことです。

よく使う文例

I have chills.（寒気がするのです）

I have a headache.（頭が痛いのです）

I'm not feeling well.（気分がよくありません）

I'm feeling fine now.（もう大丈夫です）

けがをした！ *Injury*

Jim: **What happened?**

Reina: **I stumbled over a stone in the garden.**

Jim: **Does it hurt?**

Reina: **I feel pain when I walk.**

Jim: **Where does it hurt?**

Reina: **Maybe I sprained my ankle.**

Jim: **You need a cold compress pad. I'll bring it for you.**

Reina: **Oh, I'm bleeding!**

Jim: **You need a Band-Aid too.**

ジム　：いったいどうしたの？
レイナ：庭で石につまずいたんです。
ジム　：痛い？
レイナ：歩くと痛いです。
ジム　：どこが痛いの？
レイナ：おそらく、足首をひねったのだと思います。
ジム　：冷湿布をしたほうがいいね。持ってきてあげます。
レイナ：あ、血が出てる！
ジム　：バンドエイドも必要だね。

Key Word 単語

骨折	fracture	切り傷	cut
ねんざ	sprain	やけど	burn
打撲	blow	すり傷	scrape

こんな体験しました！

- 庭で転んで足首をくじいたとき、ホストファザーが飛んできてくれて、すぐに病院へ連れて行ってくれた。
- 指を切ってしまったら、薬箱を持ってきて手当てをしてくれた。そのとき、薬箱にいろんな薬が用意されていたので感心した。
- ひざをすりむいたとき、たいした傷でもないのにファミリー全員ですごく心配してくれた。本当の家族みたいでうれしかった。

知っとこ！アドバイス

- ケガをしたら、I fell down the steps.（階段から落ちてしまいました）と状況を説明して、I seem to have broken my finger.（指が折れてしまったかもしれません）などと伝えることです。あるいは、I have a sharp pain here.（ここがものすごく痛いのです）と、症状をなるべく正確に、具体的に伝えることも大切です。
- 日常生活で使う薬は、どこの家庭にもあるはずです。Do you have an ointment?（塗り薬はありますか？）と聞いてもよいでしょう。ちょっとした傷には間に合うと思いますが、痛みや出血がひどい場合は、やはり病院に連れて行ってもらいましょう。

よく使う文例

I got a bruise on my leg.（足にあざができました）

I burned my hand.（手をやけどしました）

I'm bleeding.（血が出ています）

I'm feeling better now.（だいぶよくなりました）

病気やトラブルを解決する

病院の受付で   *Hospital*

Receptionist: Good afternoon. May I help you?
グッダフタヌーン　　メイ　アイ　ヘルプユー

Reina: My name is Reina Nakada.
マイ　ネイム　イズ　レイナ　　ナカダ

I have an appointment for 3p.m..
アイ ヘァヴァン　　アポイントメント　　フォー スリー ピーエム

Receptionist: Very good. Would you fill out this form?
ヴェリー　　グッ　　　ウッジュー　　フィラウ　ディス フォーム

Reina: Sure. Would you help me fill it out?
ショアー　　　ウッジュー　　ヘルプ　ミー　　フィリッタウ

Receptionist: All right. Write down your name and address here.
オー ライ　　ライ　　ダウン　　ヨア　　ネイム　アン　アドレス　　ヒヤー

Reina: I have medical insurance.
アイ ヘァヴ　メディカル　　インシュアランス

Receptionist: May I see your insurance policy and passport?
メイ アイ スィー　ヨア　インシュアランス　ポリスィー　アン　　パスポート

受　付：こんにちは。どうしたのですか？
レイナ：ナカダ・レイナです。3時の予約をしてあります。
受　付：わかりました。この用紙に記入してくれますか？
レイナ：はい。記入するのを手伝ってもらえますか？
受　付：いいですよ。ここに名前と住所を書いてください。
レイナ：保険に入っています。
受　付：保険証とパスポートを見せてください。

Key Word 単語

熱	**fever** フィーヴァー	生理痛	**menstrual cramps** メンストゥルアル　クランプス
頭痛	**headache** ヘデイク	のどが痛い	**sore throat** ソアー　スロート
腰痛	**backache** バッケイク	神経痛	**neuralgia** ニューラルジャ

こんな体験しました！

- 病院に行ったとき、心配だったので電子辞書を持って行った。だからきちんと説明できた。持って行ってよかった！
- どうしても不安だったので、日本語を話せる医師がいる病院を探してもらった。
- 病院の人は、みんな親切でやさしい英語で聞いてくれたので、安心した。

知っとこ！アドバイス

- 外国で保険を使って支払いを受ける場合には、次の3つのものが必要になるので、忘れずにもらっておかなければなりません。まず I need a medical certificate.（医師の診断書が必要なのです）、そして I also need a detailed account of the medical treatment charges.（治療費の明細書も必要です）と言って、書いてもらってください。
- I need a receipt.（領収書が必要です）と言うのも忘れてはいけません。和英辞典があると病状の説明や保険の請求手続きに便利なので、あれば持って行くことです。

よく使う文例

I'm insured.（保険に入っています）
アイム インシュアード

Are you allergic to antibiotics?
アー ユー アラージック トゥー アンティバイオティックス↗
（抗生物質にアレルギーはありますか？）

How long do I have to wait?（どのくらい待たなければなりませんか？）
ハウ ロン ドゥー アイ ヘァフタ トゥー ウェイト

Can I see a doctor now?（今、診察してもらえますか？）
キャナイ スィー ア ドクター ナウ↗

病気やトラブルを解決する

医師との会話   *Seeing a doctor*

Doctor : **Do you speak English?**
ドゥー ユー スピーク イングリッシュ

Reina : **I speak a little English.**
アイ スピーカ リル イングリッシュ

Doctor : **Good. What's the trouble?**
グッ ウワッツ ザ トラボー

Reina : **I feel feverish.**
アイ フィール フィーヴァーリッシュ

Doctor : **Since when?**
スィンス ウェン

Reina : **Since last night.**
スィンス ラースト ナイ

Doctor : **Do you have a headache?**
ドゥー ユー ヘァヴァ ヘデイク

Reina : **I have a slight headache.**
アイ ヘァヴァ スライト ヘデイク

Doctor : **Do you have a cough?**
ドゥー ユー ヘァヴァ カフ

Reina : **No, I don't.**
ノー アイドン

医　師：英語を話しますか？
レイナ：少し話します。
医　師：いいでしょう。どうしたのですか？
レイナ：熱っぽいのですが。
医　師：いつからですか？
レイナ：きのうの夜からです。
医　師：頭は痛いですか？
レイナ：ちょっと痛いです。
医　師：せきは出ますか？
レイナ：いいえ、出ません。

Key Word 単語

食欲がない	**no appetite.** ノー アパタイト	貧血	**anemia** アニーミア
すりむく	**skin** スキン	盲腸	**appendix** アペンディクス
吐きけがする	**feel nauseous** フィール ノーシャス	肺炎	**pneumonia** ニューモニア

漫画

医者: What's the trouble?
患者: I feel feverish.
患者: I have a slight headache, a cough, a stomachache, diarrhea, a sore throat, and a runny nose.
（林ながらよく言えた！）

こんな体験しました！

● おなかが痛くて熱もあるようだったので、ホストファザーに頼んで病院に連れて行ってもらった。イエスとノーをはっきりと言わなくてはいけないと思い、辞書を使って一生懸命答えた。

● 病状や保険のこともあるので、英会話の本を持って行って説明した。かなり気持ちが悪くてツラい状態だったが、指でさしてもわかってもらえて本当に助かった。

知っとこ！アドバイス

● 医師から、What's the matter with you?（どうかしましたか？）とたずねられたら病状を伝えるわけですが、そのときに役に立つのが"I have ～"という表現です。これに病気の名前をつけて I have a toothache.（歯が痛いのです）と言うことができます。よく使われる病気の症状は次のようなものです。

I have ⇒ diarrhea.（下痢）　　a cold.（かぜ）
　　　　　a fever.（熱）　　　a stomachache.（胃痛）
　　　　　a chill.（寒気）　　a sore throat.（のどの痛み）
　　　　　a pain.（痛み）　　 a runny nose.（鼻水が出る）
　　　　　a cough.（せき）

よく使う文例

I'm allergic to fish.（魚にアレルギーがあります）

I'm constipated.（便秘をしています）

This is from my doctor in Japan.
（これは、私の日本の担当医に書いてもらいました）

I'm getting better.（よくなってきています）

病気やトラブルを解決する

歯科医との会話　*Seeing a dentist*

Dentist : **How are you feeling now?**
Reina : **I have a bad toothache.**
Dentist : **Let me see. Which one hurts?**
Reina : **I think one of my upper back teeth hurts.**
Dentist : **This one?**
Reina : **Yes.**
Dentist : **Let me take an X-ray picture.**
　　　　 You have a cavity here. I'll drill it.
Reina : **Drill it?**
Dentist : **Don't worry. It won't hurt.**

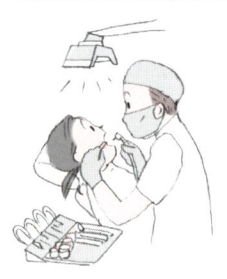

歯 科 医 ：今はどんな感じですか？
レ イ ナ ：とても歯が痛いです。
歯 科 医 ：どれどれ。どの歯が痛いのですか？
レ イ ナ ：上の奥歯だと思います。
歯 科 医 ：これですか？
レ イ ナ ：そうです。
歯 科 医 ：それでは、エックス線写真を撮らせてください。
　　　　　ここに虫歯があります。削りますよ。
レ イ ナ ：削るのですか？
歯 科 医 ：心配ありません。痛くありませんから。

Key Word 単語

歯科医	dentist	親知らず	wisdom tooth
出血する	bleed	神経	nerve
押す	push	かむ	chew

（コマ内のセリフ）
- I'll drill it.
- Drill it?
- Don't worry. It won't hurt.
- Open your mouth, please.

こんな体験しました！

- 虫歯の治療をしないでホームステイに来たら、痛くなってしまった。でも薬を飲んでなんとかがまんした。日本で治療しておけばよかった。
- ステイ先で虫歯になると困るので、日本で親知らずを全部抜いてから行った。
- 日本から自分の歯ブラシを持って行って、毎日ちゃんとみがくようにしていた。

知っとこ！アドバイス

- とにかく、処置が必要なところは出発前にすべて治していくことが第一です。ステイの途中で痛くなったら大変ですし、アメリカなどでは治療費は日本とはくらべものにならないほど高いのです。
- もし痛くなってしまったらしかたがありません。I have a terrible pain here.（ここがものすごく痛いのです）、あるいは My gums are swollen a little.（歯ぐきが少しはれているんです）などと病状をはっきりと伝えることが大切です。治療中も痛いのならば、がまんしないで日本語で"痛い！"と言ってもわかります。英語では、そんな場合は Ow!!と言います。

よく使う文例

I have something between my teeth.
（歯の間に何かはさまってしまいました）

I have a pain here.（ここが痛いのです）

The filling has come out.（つめたものが取れてしまいました）

Would you give me a painkiller?
（痛み止めがほしいのですが）

病気やトラブルを解決する

薬局で *Pharmacy*

Pharmacist : **May I help you?**
メイ アイ ヘルプ ユー↗

Reina : **Would you fill this prescription?**
ウッジュー フィルディス プリスクリプシャン↗

Pharmacist : **Please have a seat and wait. Here you are.**
プリーズ ヘァヴァ スィート アン ウェイ ヒヤー ユー アー

Reina : **Thank you. How much is it?**
サンキュー ハウ マッチ イズィッ

Pharmacist : **That's twenty dollars forty-five cents.**
ダッツ トゥウェンティー ダラーズ フォーティー ファイヴ センツ

Reina : **How do I take this medicine?**
ハウ ドゥー アイ テイク ディス メディスン

Pharmacist : **Take a pill after every meal with a glass of water.**
テイカ ピル アフター エヴリー ミール ウィザ グラース アヴ ウォーター

Reina : **How many days is this medicine for?**
ハウ メニー デイズ イズ ディス メディスン フォー

Pharmacist : **It's for a week.**
イッツ フォーア ウィーク

薬 剤 師 ：いらっしゃいませ。
レ イ ナ ：この処方せんの薬をください。
薬 剤 師 ：どうぞ座ってお待ちください。はい、できました。
レ イ ナ ：ありがとう。いくらですか？
薬 剤 師 ：20ドル45セントです。
レ イ ナ ：この薬はどうやって飲むのですか？
薬 剤 師 ：毎食後にコップ1杯の水で1錠飲んでください。
レ イ ナ ：この薬は何日分ですか？
薬 剤 師 ：1週間分です。

Key Word 単語

飲み薬	medicine (メディスン)	かぜ薬	cold medicine (コールド メディスン)
錠剤	tablet (タブレッ)	解熱剤	febrifuge (フェブリフュージ)
粉薬	powdered medicine (パウダード メディスン)	目薬	eye drops (アイ ドゥラップス)
塗り薬	ointment (オイントメント)	食前	before every meal (ビフォー エヴリー ミール)

186

こんな体験しました!

- 日本で飲んでいる薬はひととおり持って行ったので、安心していられた。
- 体の大きなアメリカ人が飲む薬の量を、日本人がそのまま飲んだら量が多すぎるのではないかと心配になった。
- 日本の薬局はなんでも売っていて、本当に便利だということがわかった。

知っとこ！アドバイス

- Over-the-counter drugs（カウンター越しにもらえる薬）という、処方せんなしで買える薬もありますが、ふつうは病院で書いてもらった処方せんを持って、最寄りの薬局に行くことになります。Where's the nearest pharmacy?（いちばん近い薬局はどこですか？）と聞けばいいのです。
- 薬局に行ったら処方せんを見せて、I'd like to have this prescription filled.（この処方せんの薬をください）と言います。薬の飲み方についても、How do I take this medicine?（この薬はどうやって飲むのですか？）ときちんと聞いておきましょう。
- アメリカなどでは、スーパーでも薬を売っていることがあるので Do they sell some medicine at the supermarket?（スーパーで薬を売っていますか？）と聞いてみるといいでしょう。

よく使う文例

Do you have cough drops? （せき止めの薬はありますか？）

Do you have aspirin? （アスピリンはありますか？）

Do you have any medicine for fever?
（熱にきく薬はありませんか？）

Can I have a receipt? （領収書をください）

盗難にあう   *Theft*

Jane : What happened, Reina?
Reina : My bag was almost snatched on the street.
Jane : Oh, my God! Are you all right?
Reina : I'm all right.
Jane : Where did it happen?
Reina : It happened on Safe Street.
They came on a motorbike.
The guy on the rear seat tried to take the bag.
Jane: You had better report that to the police.
Reina : I will.

ジェイン：どうしたの、レイナ？
レ イ ナ：通りでバッグをひったくられそうになったんです。
ジェイン：あらあら！　あなたは大丈夫？
レ イ ナ：私は大丈夫です。
ジェイン：どこだったの？
レ イ ナ：セイフ通りです。オートバイで来たんです。
　　　　　うしろの座席の男がバッグを取ろうとしたんです。
ジェイン：警察に報告したほうがいいわね。
レ イ ナ：そうします。

Key Word 単語

詐欺	fraud	逃げる	run away
財布	wallet	盗難届け	theft report
ひったくり	mugger	紛失届け	loss report

聞いとこ！こんな体験しました！

- 夜は危ないと聞いていたので，なるべく出かけないようにした。出かけるときは必ず車で行ったので、何の被害にもあわなかった。
- オートバイでひったくることがあるというので、歩道を歩くときは車道の近くを歩かないようにした。

知っとこ！アドバイス

- 日本にいるようなつもりでいると、盗難にあいやすいので注意が必要です。たとえば、歩道を歩く場合は、なるべく車道から離れて歩きます。バッグはオートバイなどの引ったくりにねらわれないように、肩からななめにかけると安心です。
- 万が一被害にあった場合は、すぐに警察に届けて事情を説明し、必要ならばパスポートやトラベラーズチェックなどの再発行の手続きを取らなければなりません。
- トラベラーズチェックをなくしたら、まず発行銀行または取り扱い銀行に連絡します。再発行に必要なものは、①パスポートなどの身分証明書、②警察の紛失盗難届け受理証明書、③購入時に渡される購入者控えです。使用した分を記録しておくと、再発行の手続きがスムーズになります（パスポートの再発行の手続きは191ページを参照）。

よく使う文例

I had my bag snatched away. （バッグをひったくられました）
アイ ヘァド マイ ベァッグ スナッチト アウェイ

I had my camera stolen. （カメラを盗まれました）
アイ ヘァド マイ キャメラ ストールン

I was walking on Third Street. （サード通りを歩いていました）
アイ ウォズ ウォーキン オン サード ストリート

What should I do next? （このあと、どうすればいいのですか？）
ウワッ シュダイ ドゥー ネクスト

病気やトラブルを解決する

バッグを忘れる *Leaving something behind*

Reina: I had dinner here with my family some time ago.
アイ ヘァド ディナー ヒヤー ウィズ マイ ファミリー サム タイム アゴー

Waiter: May I help you?
メイ アイ ヘルプ ユー

Reina: Did you see a bag?
ディジュー スィー ア ベァッグ

Waiter: Where did you put it?
ウェアー ディジュー プッティッ

Reina: I put it on the chair.
アイ プッティッ オン ザ チェアー

Waiter: What kind of bag is it?
ウワッ カインダヴ ベァッグ イズィッ

Reina: It' a red Louis Vuitton hand bag.
イッツ ア レッド ルイ ヴィトン ヘァンド ベァッグ

Waiter: Is this your bag?
イズ ディス ヨア ベァッグ

Reina: Yes, it is! I have my name written here.
イエス イッティズ アイ ヘァヴ マイ ネイム リトゥン ヒヤー

I'm so happy. Thank you!
アイム ソー ヘァッピー サンキュー

レイナ ：さっき、家族とここでディナーを食べたのですが。
ウェイター：どうかしましたか？
レイナ ：バッグを見ませんでしたか？
ウェイター：どこに置いたのですか？
レイナ ：いすの上に置いたのです。
ウェイター：どんなバッグですか？
レイナ ：赤いルイ・ビトンのハンドバッグです。
ウェイター：これですか？
レイナ ：そうです！　ここに名前が書いてあります。
　　　　　うれしいわ。ありがとう！

Key Word 単語

日本大使館	Japanese embassy ジャパニーズ エンバスィー	置き引き	luggage lifting ラギッジ リフティン
日本領事館	Japanese consulate ジャパニーズ カンサリッ	写真	photo フォト
電話する	call コール	貴重品	valuables ヴァリュアボーズ

(Did you see a bag?)
(Is this your bag?)
(Yes! Yes!)
(You can see my name here.)

病気やトラブルを解決する

聞いとこ！こんな体験しました！

- ホストファミリーとレストランに行ったとき、バッグをいすの上に忘れてきてしまった。15分くらいたって戻ってみたら、きちんと預かってくれていたのでいい店だと思った。
- バッグはいつも肩からかけて、入らないものはウエストポーチに入れていたので忘れることはなかった。

知っとこ！アドバイス

- バッグや財布などをなくした場合は、中に現金などの貴重品が入っていると、残念ながらまず戻ってこないでしょう。貴重品を持ち歩くときは、ウエストポーチなどに入れて、つねに身につけておくことです。
- なくしたバッグの中にパスポートが入っていて、戻ってこない場合には、再発給の手続きを取らなければなりません。必要なものは、①警察の紛失盗難受理証明書、②写真（4.5センチ×3.5センチ）2枚、③一般旅券再発給申請書、④紛失届けなどです。このうち③と④は大使館にあります。再発給には約2週間かかります。急いで帰国したい場合は、『帰国のための渡航書』を申請することもできます。

よく使う文例

Did you see a white bag here?
ディジュー スィー ア ウワイト ベァック ヒヤー↗
（ここで白いバッグを見ませんでしたか？）

I put it here.（ここに置いたのです）
アイ プッティッ ヒヤー

It's a bag with a strap.（肩ひもがついているバッグです）
イッツ ア ベァッグ ウィザ ストラップ

Thank you for finding my bag.（バッグを見つけてくれてありがとう）
サンキュー フォー ファインディン マイ ベァッグ

191

助けを求める *Asking for help*

①Being followed
ビーイン　ファロウド

Reina : **Excuse me!**
イクスキューズ　ミー

Passer-by : **What can I do for you?**
ウワッ　キャナイ　ドゥー　フォー　ユー

Reina : **That man keeps following me. I'm scared.**
ザッ　マン　キープス　ファロウィン　ミー　アイム　スケアード

②Need a help
ニーダ　ヘルプ

Reina : **Help me!**
ヘルプ　ミー

Passer-by : **Are you all right?**
アー　ユー　オーライ↗

Reina : **Please help me! He's hurting me!**
プリーズ　ヘルプ　ミー　ヒーズ　ハーティン　ミー

Call the police, please!
コール　ザ　ポリース　プリーズ

---

①あとをつけられた
レイナ　：すみません！
通行人　：どうかしましたか？
レイナ　：あの男がずっとついてくるんです。私、こわい。

②助けが必要
レイナ　：助けて！
通行人　：大丈夫ですか？
レイナ　：助けてください！　あの男が乱暴なことをするのです。
　　　　　警察を呼んでください！

Key Word 単語

泥棒	thief スィーフ	パトカー	police car ポリース　カー
痴漢	molester マレスター	逮捕する	arrest アレスト
交通事故	traffic accident トラフィック　アクスィデン	被害者	victim ヴィクティム
火事	fire ファイア	加害者	assailant アセイラント

聞いとこ！こんな体験しました！

- 日本は、まだまだ治安がよいということがわかった。
- 原則として、夜は外出しない。どうしても外出する場合は、車で移動することを心がけていたので、こわい思いをすることはなかった。

知っとこ！アドバイス

- 外国に出かけたら、治安のよい日本とは違うということをいつも忘れないようにしたいものです。女性は、男にしつこくされた場合などは無視するか、何か言われてもはっきり大きな声でNo!と言う勇気が必要です。あいまいな態度を取っていると、一日中あとをつけられるということにもなりかねません。
- 観光地などに行くと、頼みもしないのに写真を撮り、法外な値段を請求されることもあります。また、わざとぶつかってワインのボトルを落とし、それを弁償しろとお金をゆすり取ろうとする悪い人もいます。そんなヤツにからまれて困った場合には、周りの人にCall the police, please!（警察を呼んでください！）と頼むことです。Policeという言葉をくり返して言うことは、かなりのききめがあります。

よく使う文例

Help!（助けて！）
ヘルプ

I'll call the police!（警察を呼ぶぞ！）
アイル コール ザ ポリース

Pickpocket! Catch him!（スリだ！ あいつを捕まえて！）
ピックパキッ キャッチム

Please call the Japanese embassy.（日本大使館に電話してください）
プリーズ コール ザ ジャパニーズ エンバスィー

Call an ambulance, please!（救急車を呼んでください）
コール アン アンビュランス プリーズ

Call the fire department, please!（消防署に電話してください）
コール ザ ファイアー ディパートメント プリーズ

Thank you for helping me.（助けていただいてありがとうございました）
サンキュー フォー ヘルピン ミー

さよならパーティで *Farewell Party*

Reina : **Thank you for everything!**
サンキュ　フォー　エヴリスィン

Friend : **We did many things together.**
ウィ　ディドゥ　メニー　スィングズ　トゥギャザー

Reina : **Remember when we went camping and enjoyed Bon Dance together?**
リメンバー　ウェン　ウィ　ウェント　キャンピン　アン　エンジョイド　ボン　ダンス　トゥギャザー↗

Friend : **Of course! We had a nice time.**
アヴ　コース　ウィ　ヘァダ　ナイス　タイム

Reina : **I'll send you the pictures that I took then.**
アイル　センジュー　ザ　ピクチャーズ　ザッタイ　トゥック　ゼン

Friend : **Drop me a line, will you?**
ドラップ　ミー　ア　ライン　ウィル　ユー↗

Reina : **Sure. I'll send you an e-mail as soon as I return to Japan.**
ショア　アイル　センジュー　アン　イーメイル　アズ　スーン　アズ　アイ　リターン　トゥー　ジャパン

Friend : **So will I.**
ソー　ウィル　アイ

レ イ ナ ：いろいろとありがとう！
友　　人：いろんなことをいっしょにやりましたね？
レ イ ナ ：キャンプに行って、いっしょに盆踊りを踊ったのを覚えていますか？
友　　人：もちろん覚えています！　楽しかったわ。
レ イ ナ ：あのとき撮った写真を送ります。
友　　人：手紙ちょうだいね。
レ イ ナ ：もちろんよ。日本にもどったらすぐEメールを送ります。
友　　人：私も送ります。

Key Word 単語

思い出	**memories** メモリーズ	体験	**experience** イクスペリアンス
思い出す	**remember** リメンバー	幸せ	**happy** ヘァッピー
すばらしい	**fantastic** ファンタスティック	永久に	**forever** フォレヴァー

聞いとこ！こんな体験しました！

- もうすぐホストファミリーと別れなければならないのかと思うと、とにかく悲しくてパーティもあまり楽しめなかった。
- さよならパーティに集まってくれた人たちを見たとき、こんなに大勢の人たちと出会うことができて本当に幸せだと思った。
- 何が何だかわからないうちに、あっという間にパーティは終わってしまった。

知っとこ！アドバイス

- さよならパーティでは、滞在中にお世話になった人たちに、心のこもった言葉でお礼を言いたいものです。ホストファミリー以外で、知り合って仲よくなった人たちには、I'm so happy to know you.（知りあえて本当に幸せでした）あるいは、You've been so kind to me.（あなたは私にとても親切にしてくれました）などと、きちんとお礼を言うことです。
- 新しくできた友人の名前や住所などをきちんと整理しておくために、I'm keeping a list of friends. Will you be on it?（友だちのリストを作るのを手伝ってくれませんか？）と言って、ノートに名前と住所など書いてもらうのもいいでしょう。

帰国

よく使う文例

I'll miss you.（さびしくなります）
アイル ミッスユー

I'll write you very soon.（すぐに手紙を書きます）
アイル ライチュー ヴェリー スーン

I'll visit you again.（また来ますよ）
アイル ヴィズィッチュー アゲイン

Have a nice trip!（気をつけて帰ってくださいね）
ヘァヴァ ナイス トリップ

家族に別れを言う　　Saying Good-by

Reina: Thank you so much. I appreciate what you've done for me during the stay.
サンキュー　ソー　マッチ　アイ　アプリシエイ　ウワッ　ユーヴ
ダン　フォー　ミー　デュアリン　ザ　ステイ

Jane: Reina! When are you coming back?
レイナ　ウェン　アー　ユー　カミン　ベァック

Reina: I don't know.
アイ　ドン　ノー

Jim: You can come back anytime you want.
ユー　キャン　カム　ベァック　エニータイム　ユー　ウォン

Reina: Thank you, Father.
サンキュー　ファーザー

Maggie: Oh, we'll all miss you.
オー　ウィル　オール　ミス　ユー

Reina: Me too. I'll never forget your kindness.
ミー　トゥー　アイル　ネヴァー　フォーゲッ　ヨア　カインドネス

Jane: We really had a nice time with you.
ウィ　リーリィ　ヘアダ　ナイス　タイム　ウィズ　ユー

Reina: I'll see you again. "Sayonara!"
アイル　スィー　ユー　アゲイン　サヨナラ

レ イ ナ：ありがとうございました。滞在中にいろいろとしていただいたことを、本当に感謝しています。
ジェイン：レイナ！　いつ戻ってくるの？
レ イ ナ：わかりません。
ジ　 ム：好きなときに、いつでも戻ってきていいんだよ。
レ イ ナ：ありがとう、お父さん。
マ ギ ー：私たち、みんなさびしくなるわね。
レ イ ナ：私もさびしいわ。みなさんのご親切は決して忘れません。
ジェイン：あなたがいてくれて、本当に楽しかった。
レ イ ナ：また会いましょう。"さよなら"

滞在中　**during my stay**
デュアリン　マイ　ステイ

第二の故郷　**my second home**
マイ　セカン　ホウム

「知らせます」　**I'll let you know.**
アイル　レッチュー　ノウ

Key Word 単語

「連絡を取り合いましょうね」
Let's keep in touch.
レッツ　キーピン　タッチ

コマ漫画:
- When are you coming back? / I don't know...
- We'll all miss you... / Me too.
- We really had a nice time with you.

帰国

聞いとこ！ こんな体験しました！

- 別れが悲しくて、ずっと泣いていた。言いたいことはいっぱいあったのに、結局何も言えなかった。
- ホストファミリーのみんなにハグされたとき、涙が止まらなくなってしまった。
- Thank you! Thank you!とくり返すのがやっとだった。

知っとこ！ アドバイス

- お世話になったホストファミリーとの別れは悲しいものですが、その思い出を大切にしていきたいのならば、最後はしっかりとお礼を言いたいものです。特別なことを言う必要はありません。I had a very good time with your family.（みなさんのところで本当に楽しく過ごさせていただきました）あるいは、This summer became a very special one to me.（今年の夏は、私にとって特別なものになりました）というような表現もいいでしょう。
- 家族の目を見て、I'll never forget your kindness.（あなた方のご親切を決して忘れません）というあなたの気持ちは、必ず相手に通じるものです。

よく使う文例

When you come to Japan, please call me.
ウェン ユー カム トゥー ジャパン プリーズ コール ミー
（日本に来たら連絡してください）

I appreciate your hospitality.（ご親切に感謝しています）
アイ アプリシエイ ヨア ハスピタリティー

I'll see you again.（また会いましょう）
アイル スィー ユー アゲイン

I'm looking forward to seeing you again.
アイム ルッキン フォーワード トゥー スィーイン ユー アゲイン
（またお会いするのを楽しみにしています）

家族に手紙やメールを送る　Letter & E-mail

Dear Jim, Jane, and Maggie,
Thank you so much for those three wonderful weeks.
That was a great experience for me. Going camping,
horseback riding, and surfing at Point Lincoln are
unforgettable memories. I enjoyed every minute with you.
I'll send you some pictures that I took then.
I'll never forget your kindness.
Thank you again for all you did for me. Arigatoh!!
Love,
Reina Nakada

ジムさん、ジェインさん、そしてマギーへ
すばらしい3週間の滞在をありがとうございました。私にとって忘れられない体験でした。キャンプに行ったり乗馬をしたり、ポイント・リンカーンでサーフィンをしたことは、忘れられない思い出です。みなさんといっしょにいるだけで楽しかったです。そのときに撮った写真を、そのうちに送ります。みなさんのご親切は決して忘れません。
いろいろとしていただいて感謝しています。アリガトウ！
かしこ
レイナ・ナカダ

Key Word 単語

「〜を決して忘れない」 I'll never forget〜.

「〜によろしく」 Please say hello to〜 for me.

「〜を覚えていますか？」 Do you remember〜?

「またメールします」 I'll send you an e-mail again.

「すぐ返事をください」 Write me soon!

帰国

聞いとこ！こんな体験しました！

- 日本に帰って、すぐにお礼のはがきを出した。
- ホストファミリーとは、今でもよくメールを送りあっている。
- ホームステイでできた新しい家族を、これからも大切にしたいと思っている。

知っとこ！アドバイス

- 家に泊めてもらった場合に書く、お礼の手紙のことを"bread-and-butter letter"（ブレッド・アン・バター・レター）と呼びます。これは必ず出すのがマナーです。日本に戻ったら、なるべく早い時期に書いて出しましょう。
- 呼びかけは、ふだん会話の中で使っている名前にDearをつけて Dear Jim and Jane（ディア・ジム・アン・ジェイン）などとします。そして，（コンマ）をつけてから本文を始めます。
- 結びには、ふつう一般的にはSincerely yours（スィンセアリー・ヨアーズ）などが用いられますが、親しい友人への手紙には、書き手が女性の場合はLove, With love, Fondly, そしてAffectionately, （ウィズ・ラヴ・フォンドリー・アフェクショニットリィー）などが使われるようです。また、書き手が男性の場合にはBest, Best wishes, あるいは Your friend（ベスト・ベスト・ウィッシュイズ・ヨア・フレンド）などが用いられます。

よく使う文例

I'm looking forward to seeing you again.
アイム ルッキン フォーワード トゥー スィーイン ユー アゲイン
（またお会いするのを、楽しみにしています）

I appreciate your kind hospitality.
アイ アプリシエイ ヨア カインド ハスピタリティー
（みなさんの親切なおもてなしに感謝しています）

I'll never forget the heart-warming farewell party you gave me.
アイル ネヴァー フォーゲッザ ハート ウォーミン フェアウェル パーティ ユー ゲイヴ ミー
（私のために開いてくれた心温まるさよならパーティを、決して忘れません）

I'd like you to know how much I enjoyed staying with you.
アイド ライク ユー トゥー ノー ハウ マッチ アイ エンジョイド ステイン ウィズ ユー
（みなさんといっしょに過ごせて、本当によかったと思っています）

●著者

桑原功次（くわばらこうじ）

慶應義塾大学経済学部卒。2トン積みの小型トラックを改造したキャンピングカーで2年余りをかけて世界一周10万キロを走破。子供達、社会人とともに空手を通じて心身を鍛え同時に英会話をマスターするプログラムを実践。グレイス英語スクール校長。グレイス世界歴史文化研究所、グレイス空手クラブ主宰。慶應義塾普通部空手部元監督（2000～2006）。
著書に『ハローキティの英語で紹介する日本』『CD付き：はじめての英会話』（カシオ電子辞書搭載）『CD付き　小学生のやさしい英会話レッスン』『CD付き　ホームステイの直前英会話』（いずれもナツメ社）『イラスト図解日本文化を英語でガイド』（小学生向け：全3巻）『中学英語で話せる日本文化』（全3巻）（いずれも汐文社）など。2013年1月逝去。

インタビューに協力してくれた八雲学園の先生と生徒さん（敬称略）
衛藤康弘先生
小塚涼子　小中恵実　山中里菜　渡邊万里子
大森彩子　川又友里絵　高野こよみ　林綾子
矢口純子

ナツメ社Webサイト
http://www.natsume.co.jp
書籍の最新情報（正誤情報を含む）は
ナツメ社Webサイトをご覧ください。

CD付き　はじめてでも困らない　ホームステイの英会話

2013年4月30日発行

| 著　者 | 桑原功次 | ©Kuwabara Koji, 2005 |
| 発行者 | 田村正隆 | |

発行所　株式会社ナツメ社
　　　　東京都千代田区神田神保町1-52　ナツメ社ビル1F（〒101-0051）
　　　　電話　03(3291)1257（代表）　　FAX　03(3291)5761
　　　　振替　00130-1-58661

制　作　ナツメ出版企画株式会社
　　　　東京都千代田区神田神保町1-52　ナツメ社ビル3F（〒101-0051）
　　　　電話　03(3295)3921（代表）

印刷所　図書印刷株式会社

ISBN978-4-8163-3899-1　　　　　　　　　　Printed in Japan
〈定価はカバーに表示してあります〉
〈落丁・乱丁本はお取り替えします〉